大阪河内の近代

東大阪・松原・富田林の変貌

大谷 渡
Ohya Wataru

東方出版

●目次

第三章　昭和恐慌下の松原村・天美村の行財政　87

第四章　松原地方の住民と生活　107

装幀◆森本良成

大阪河内の近代

東大阪・松原・富田林の変貌

第一章　大阪市の膨張と東大阪

1　近郊農村の変貌

郊外住宅地

大阪市は、明治中期から後期にかけて近代工業都市として急速な発展を遂げた。同市は、一八九七年（明治三〇）に東成・西成両郡のうち、一三か町村全域と一五か町村の一部を編入して市域を拡張した。現在の東大阪市域に接する東成郡では、東平野町・玉造町・西高津村・清堀村の全域と、天王寺村・生野村・鶴橋村・中本村・鯰江村・都島村・野田村の一部が編入された。市域拡張後の大阪市の工業発展は著しく、明治末には市内とその周囲部の都市化が大いに進行した。

一九一二年（明治四五）五月三日付の『大阪朝日新聞』には、「煙突と電車」に象徴される大阪市の工業発展と都市化の様相を綴った記事が掲載されていて、「幾千幾万本の煙突から昼夜間断無く噴出する彼の真黒な煤煙を眺めて愕《おどろ》く人よ」、「東西南北、直径各三里の街区を縦横に二六時中轟々と凄じき音響を立てゝ疾走する電車、それが為裏《さき》には親譲りの家をも蔵をも取払はれ、今は時々人をも轢くを辞せざるを呪ふ人よ」と記したうえ、「驚くべきは此の二大怪異にあらずしてそれが反面の影響である」と述べていた。同記事は、「試みに天王寺烏ケ辻に立ちて辺を四顧せよ」「昨日迄の雑木林は今日は二層三層の赤煉瓦造りとなり」、「水田は化して洒洒たる別荘となると述べ、「独り天王寺に限らず、東も西も北も皆同じ勢力が一様の傾向を以て田畑即ち百姓を侵略しつゝある標象に外ならぬ」と記していた。さらに同記事は、大阪市内の農地の激減状況について述べたうえで、「こゝ数年後には市内に一の田地を見ざるは勿論、五十年、百年以後には大阪府下全体が煙突となり電車とならぬとは誰れか断言し得るものぞ」と書いていた。

大正期になると、日本経済の急激な成長にともない、大阪市は工業都市としていっそう目覚ましい発展を遂げた。一九二五年（大正一四）には、東成郡と西成郡全域の四四か町村が大阪市に編入され、市域の大拡張が行われた。この編入時に両郡に存在した七〇〇〇町歩の耕地は、工業地や商業地の拡大によって、一九四〇年（昭和一五）には五分の一の一四〇〇余町歩に減少していた。前掲明治末の『大阪朝日新聞』の記事に、都市膨張の象徴的表現として、「煙突となり電車となる」と記された状況が進みつつあったのである。大正から昭和にかけての、東大阪市域西部の布施・高井田・小阪の各町村の都市的発展は、この大阪市の大膨張の波に飲み込まれるかたちで進行した。

ところで、大正期には、郊外電車が発達し、大工業都市大阪と、神戸・京都・奈良・和歌山などを結ぶ七大私鉄、すなわち阪神・京阪・阪神急行（阪急）・新京阪（現・阪急）・南海・大阪電気軌道（現・近鉄）・大阪鉄道（現・近鉄）の主要路線が完成した。大阪市の過密化と生活環境の悪化にともない、これらの私鉄沿線に住宅地経営を行う土地会社が現れ、各私鉄も乗客誘致のために郊外住宅地の開発を進めた（『新修大阪市史』第七巻、一九九四年刊）。大阪電気軌道沿線では、一九一六年（大正五）一一月に東大阪土地建物株式会社が設立され、布施村大字菱屋西の長瀬川を挟む六万六〇〇〇余坪の土地を買収して住宅地経営を開始した。

大阪電気軌道沿線小阪村（大正初期）、樟蔭学園提供

『大阪朝日新聞』一九一七年（大正六）六月二四日付掲載の「東大阪土地」の広告には、「本月中に土工工事の竣成を告ぐる整理面積は約四万二千余坪」とあり、「長瀬川の東岸に沿ひ、南北に四間幅の道路を設け、両岸に護岸工事を施し、東西縦横に道路を開設し各住宅地を区画」し、「樹木を移植し風致を添ふる計画」と記したうえで、「最も健康に指弾すべき煤煙に隔絶」した「理想的郊外住宅地」と書いていた。翌七月一九日付同紙には、「東大阪土地（大軌沿線小阪経営地）」の土地株売り出しの広告が掲載され、「各郊外電車中七、八分間にして達し得可き最も割安なる地所を有し」、「売出株数壱千株」と記していた。この東大阪土地建物株式会社は、

一九二四年に大阪電気軌道株式会社と合併した。大阪電気軌道は、合併によって東大阪土地建物が経営していた布施・小阪・若江・額田・生駒の土地六万余坪と建物を引き継ぎ、それまで所有していた九万坪の土地と合わせて一五万坪の土地を所有し、その後ますます土地経営を拡大した(『大阪電気軌道株式会社三十年史』一九四〇年刊)。

第一次世界大戦が終わった一九一八年から翌一九一九年にかけての好況期に、多くの土地会社が設立され、値上がりを見込んだ土地投機熱が高まっていた。『大阪朝日新聞』一九二二年一月六日付によると、「大阪の各郊外電車沿線」には、それぞれ「十指を屈して」足りないほどの土地会社があり、「大軌の如きは鶴橋から奈良終点までの各駅」に「一ツは大抵ある」という状況がみられた。この記事には、「大阪を中心としたる現存土地会社七十四社」と記されていた。

一九一九年四月七日付と二二日付の『大阪朝日新聞』には、「瓢山土地建物株式会社」の広告が掲載され、「枚岡南村瓢箪山停留所北側」の同社経営地の土地株を「公債以上確実有利」と売り出していたし、翌年一月一六日付の同紙には、「石切土地建物株式会社株式提供」の広告が掲載され、「便利と経済の両方面に深く留意」、「衛生、養気、風教の諸点を充たす可く此絶好地を選択し、以て中産階級以下の住宅地を経営」して「社会問題」を解決したいと宣伝していた。この「社会問題」とは、大都市大阪の過密化による「中産階級以下」の住宅難と生活環境の悪化を指していた。

一九一八年、一九年における土地投機熱は、一九二〇年春の戦後不況でいったん冷却したが、大正一〇年代から昭和初期の大阪市の大発展は、同市近郊の住宅地経営を活発化させた。すでに、一九二二年（大正一一）六月二四日付『大阪朝日新聞』掲載の「土地会社　府産業部調査」の記事には、「土地熱最高潮時に設立された」生駒土地会社のように「萎微振はざる」ものもみられるが、「東大阪土地を始めとし大阪土地、城東土地、瓢山土地、杉岡土地、石切土地、日下温泉土地、生駒聖天土地、大軌土地の各社」は、「将来有望視されている」と報じていた。一九二五年四月一二日付の同紙には、東京土地住宅株式会社の「大軌沿道瓢簞山住宅地分譲」の広告が掲載され、「東洋第一の生産都市」であり「世界有数の人口密度たる大阪市」は、「住むべく憩ふべき土地ではありません」、「一日の活動を終へて安息所として、特に本地をお勧め致します」と書いていた。この会社は、大軌瓢簞山駅北に出張所を設け、一坪一七円からの値段で宅地分譲を行っていた。

『大阪朝日新聞』の一九二三年五月一八日付は、「府下の田畑減少」の記事を掲げ、大阪府農務課の調査では、前年一月以降一年間に潰滅した耕地が、大阪市四八町八反、西成郡四九町八反、東成郡一〇八町三反、中河内郡四八町と報じていた。同記事によると、中河内郡では四町一反歩の耕地の拡張があったものの、北河内郡での拡張耕地が九六町八反、潰滅耕地七町六反、南河内郡で拡張一九町六反、潰滅一〇町八反と記されていて、府内における中河内郡の田畑の減少は大きかった。

一九二四年四月一六日付同紙の記事には、布施村耕地整理組合で「住宅用の地区整理を行ふべく目下実地踏査中」とあり、一九二六年一一月二〇日付では、「小阪を中心に耕地整理、発展に備ふ」と報じ、一九二七年（昭和二）九月一三日付同紙は、「異数の発展振りを示してゐる大阪府中河内郡布施町は、さらに一層開発を期して全町の耕地整理を断行する」と報じていた。さらに、一九三〇年一〇月二四日付では、「郊外住宅地の激しい人口増加」「布施、吹田二町が特に圧倒的」と報じ、三一年一〇月七日付の同紙は、中河内郡では「田畑が激減」して「宅地が激増す」「特に布施、小阪一帯が顕著」と記し、一一月一〇日付には「宅地の増加率は布施、小阪付近では平均一日十軒の家が建つといはれ」、「工場、興業または遊戯場、料理飲食店等」が激増していると書いていた。布施・小阪両町を中心とする東大阪市域東部の一画は、大正末から昭和初期へ、そして昭和一〇年代へと、住宅地化、商業地化、工業地化が進み、大阪市と連続した都市域へと急速な変貌を遂げていった。

人口増加の地域差

東大阪市域の人口は、第一次世界大戦後の大阪市の大膨張の影響を受け、大正末から昭和前期にかけて急速に増加した。大阪市の人口は、一九二五年（大正一四）二一一万人、一九三〇年（昭和五）二四五万人、一九三五年二九八万人と激増し、この時期に大阪市は近代都市としての繁栄を築いた。東成郡と西成郡が大阪市に編入されて、東大阪市域の布施町と高井田村が大阪市と境を接するようになったのは、一九二五年四月一日であった。

一九二五年の国勢調査では、東大阪市域の町村人口の合計は七万四五六三人であった。一九二〇年の調査では五万七六七〇人であったから、五年間に一万六八九三人増加して一・二九倍となったのである。増加人口の七割（一万一七五八人）は、布施町・小阪町・高井田村が占めていた。この間の増加人口の残り三割、五一三五人は、東大阪市域一六か村の合計であった。布施・小阪・高井田以外の東大阪市域の村々の人口は、あまり増加しなかったのである。布施と小阪は大正後期のこのような人口増加を背景に、一九二五年四月一日に町制を実施した。

その後、一九三〇年までに東大阪市域の町村人口はさらに二万八三二六人増加して一〇万二八八九人となったが、この場合も増加人口の六割以上が布施・小阪・高井田の二町一村で占められていた。なかでも布施町の人口増加は著しく、五年間に同町の人口は一万二八〇一人増えて二万四二三〇人となった。布施町の急激な人口増加とあわせて、布施・小阪両町の南に隣接する長瀬村と弥刀《みと》村の人口が伸びたこともこの時期の特徴であった。両村の人口増加は、大阪電気軌道八木線の開通によるところが大きかった。布施・小阪・高井田に、長瀬・弥刀の二か村を加えた二町三村のこの五年間の増加数は、東大阪市域全体の増加人口の八割を占めていた。

一九二〇年（大正九）における各町村の人口を一〇〇とすると、一九三〇年（昭和五）の指数は布施町が五一七、小阪町二七五、高井田村二一六、長瀬村一七〇、弥刀村一七三であった。この一〇年間に、布施の人口は爆発的に増加し、小阪と高井田がこれに次ぎ、停滞していた長瀬・

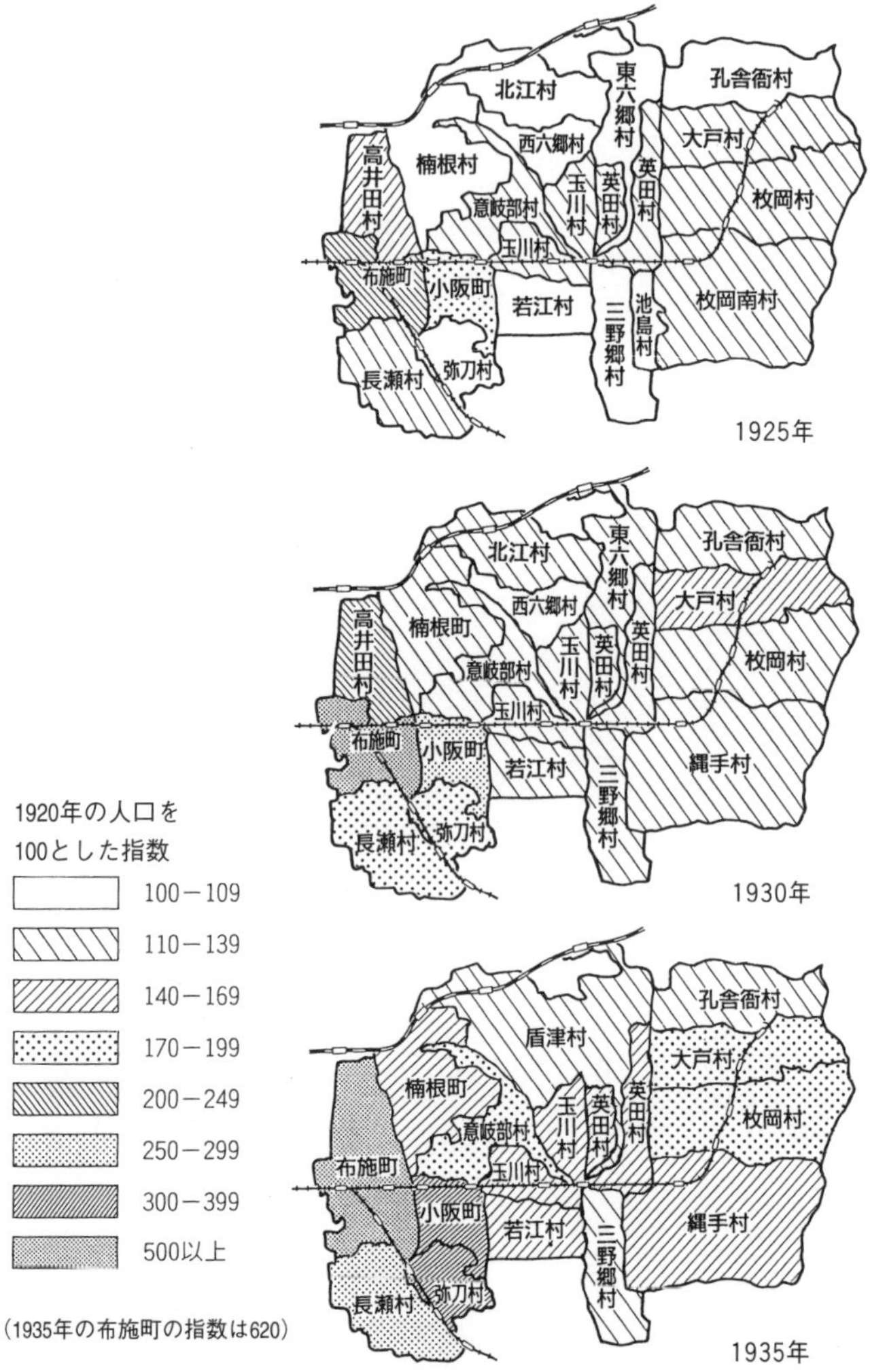

図１　1920年の人口を100としたときの各町村の人口指数の増大状況

（注）『大正九年国勢調査報告』3、『昭和五年国勢調査報告』4から作成。

弥刀両村の人口が昭和に入って急速に増加傾向を示した。これに対して、東大阪市域の他の村々の人口の増え方は、概してゆるやかなものであった。布施町と小阪町を中心とする東大阪市域の一画が、大正一〇年代から昭和初年にかけての時期に、急速に都市化し始めたのであった（図1参照）。

ところで、一九二五年（大正一四）に東成郡と西成郡が大阪市に編入されたとき、両郡には相当多くの農地が存在していた。前年九月に大阪市域拡張の実地調査に訪れた内務省の潮恵之輔地方局長は、「一望千里」「五穀豊饒」と皮肉り、東成・西成両郡の大阪市への編入に難色を示すほどであった。だが、編入後の同地域の都市化は速かった。一九二五年一〇月の国勢調査によると、この年大阪市に編入された新市域の人口は七八万人であったが、一九三〇年（昭和五）には一〇一万人に、一九三五年（昭和一〇）には一三七万人に増えた。新市域の各区のなかでも、特に布施町と高井田村が境を接する東成区の人口増加が顕著であった。

一九三二年には、人口の急増に対応して東成区の北部が旭区として分区された。布施と高井田が隣接するのは、分区前の東成区の南部、すなわち分区後の東成区域である。この区域の一九二五年の人口は、一五万四四〇人であったが、一九三〇年には二一万九二六五人、一九三五年には三〇万六六一九人と、一〇年間に倍増した。この大阪市の膨張の波を受けて、布施町と高井田村、そして小阪町を中心とする東大阪市域西部の人口はますます増加した。急速な人口増加を続ける布施町と高井田村は、一九三三年四月に合併して新しい布施町が生まれた。

布施の街並（1936年）、『布施町誌』続編より

一九三五年の国勢調査によると、新布施町の人口は四万八六九六人となっていて、一九三〇年の布施と高井田の両町村の人口三万一〇五二人の一・六倍に増えた。小阪町の人口は、一九三〇年の一・四倍、一万三五一八人となった。長瀬村は一・七倍に増えて一万四二三〇人、弥刀村は一・九倍で五九三一人となった。

東大阪市域全体では、この五年間に四万四四九人増加したが、このうちの七割強は新布施町・小阪町・長瀬村・弥刀村の二町二村の人口増加によって占められていた。布施町と小阪町に隣接する楠根町と意岐部《おきべ》村の人口は、一九三〇年から三五年までの五年間に、それぞれ一・三倍に増加した。布施・小阪・長瀬・弥刀に、楠根と意岐部を加えた三町三村のこの五年間の増加人口は、市域全体の増加数の八割を超えていた。

このような市域西部における急速な人口拡大は、一九三七年（昭和一二）四月の布施町・小阪町・長瀬村・弥刀村・楠根町・意岐部村の三町三村合併による布施市誕生の原動力となった。なお、一九三〇年から三五年までの五年間に、枚岡村の人口が一・四倍に増加し、その他の村々の人口増加の傾向も高まった。大正後期から昭和前期にかけての大阪市の大膨張にともなう、布施・小阪両町を中心とする東大阪市域西部の都市化の進展は、近接する東大阪市域の他の村々の住民の生活にも、さまざまな変化を与えた。

職業構成の変化

一九二〇年（大正九）から一九三〇年（昭和五）にかけての東大阪市域の人口増加は、各町村の職業構成にかなりの変化を生じさせた。一九二〇年の国勢調査によると、本業者として分類された東大阪市域の村々の就業人口の総数は、二万二二八五人であった。一九三〇年の国勢調査では、東大阪市域の町村の就業人口の総数が三万九一五三人となっていて、一〇年間に一・七六倍に増加した。この間に東大阪市域の人口は一・七八倍に増加したから、就業人口が、人口増加の割合にほぼ沿った形で増えていたことがわかる。

一九二〇年の本業就業人口二万二二八五人のうち、農業従事者は八九三五人、工業が七九三五人、商業三〇四九人、交通業七九四人、公務および自由業一〇八九人であった。公務および自由業とは、官公吏・法曹・教員・宗教者・医療従事者・著述家・芸術家などのことである。一〇年後の一九三〇年には、就業人口が一万六八六八人増えて三万九一五三人となったのに、農業人口は五三四人減じて八四〇一人となった。このため、就業人口に占める農業人口の割合は、一九二〇年の四〇・一パーセントから一九三〇年には二一・五パーセントへと低下した。これに対して商業人口は二・七倍に増加して八三一一人となり、就業人口に占める割合は一九二〇年の一三・二パーセントから一九三〇年には二一・二パーセントと高くなった。増加率の最も高かったのは、

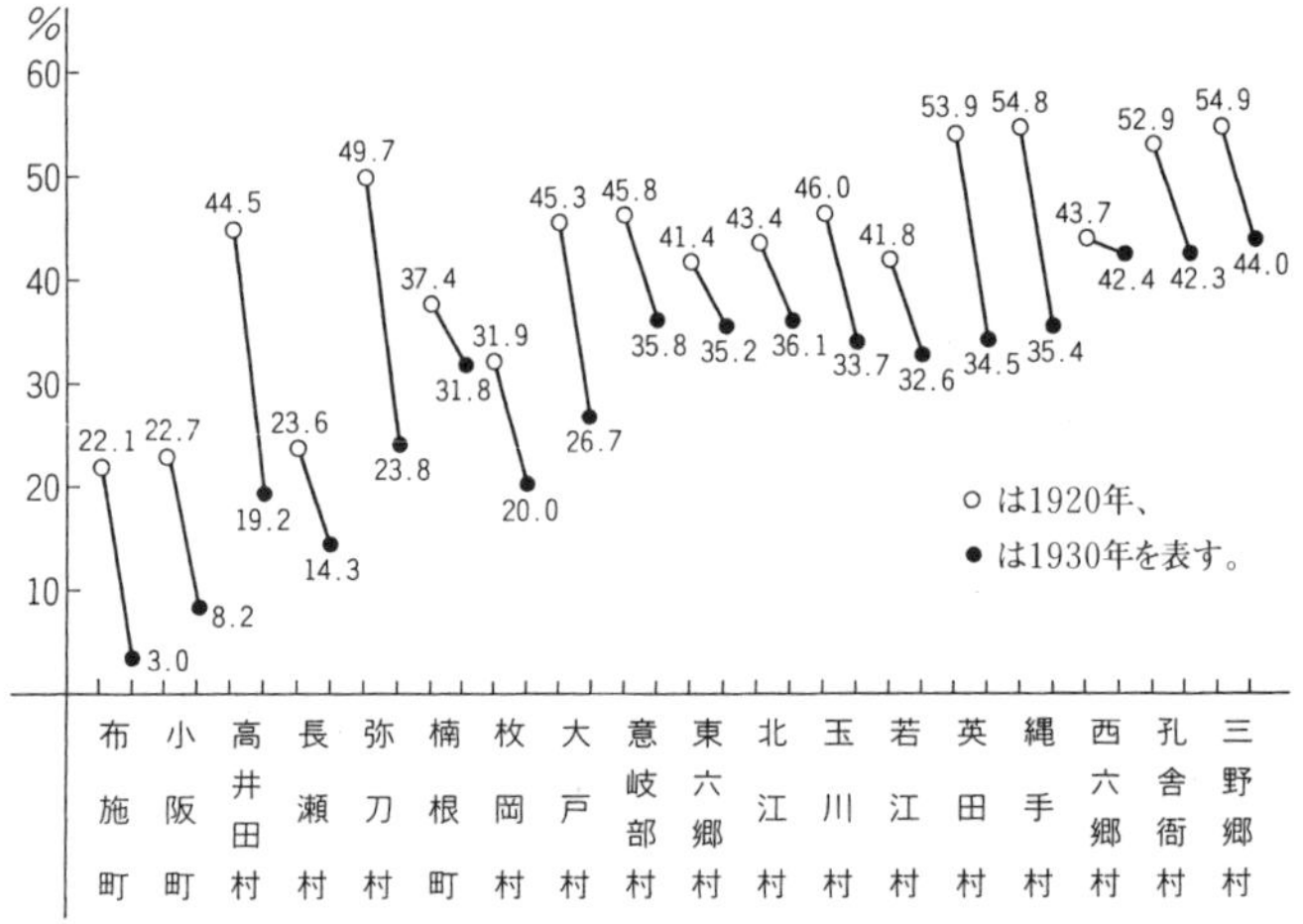

図2　東大阪市域の町村における本業就業人口に占める農業者の割合の低下
（1920年—1930年）

（注）『大正九年国勢調査報告』3、『昭和五年国勢調査報告』4から作成。なお、縄手村は、1929年4月の合併までは枚岡南村と池島村に分かれていたので、1920年の割合は両村の合算で示している。また、布施・小阪両町は1925年3月までは布施村、小阪村であった。楠根町は、1929年10月まで楠根村であった。

公務および自由業であった。この一〇年間に公務および自由業者は四・六倍に増えて四九七一人となり、就業人口に占める割合は四・七パーセントから一二・七パーセントとなった。工業人口は、五二九六人増加して一万三三三一人となったが、就業人口に占める割合は三四パーセント程度で横這い状態であった。

これを町村別にみると、この一〇年間に本業就業人口に占める農業者の割合が最も低下したのは、高井田村と弥刀村であった（図2参照）。弥刀村では、一九二〇年に本業就業人口に占める農業者の割合が四九・七パーセントであったのが、一九三〇年に二三・八パーセントに下がり、高井田村では四四・五パーセントから一九・二パーセントへと著しく低下した。布施町と小阪町では、町制施行五年前の一九二〇年すでに農業者の割合が二二パーセント程度となっていたが、一九三〇年までの一〇年間にさらに低下して、布施町では三パーセント、小阪町では八・二パーセントとなった。長瀬村でも、一九二〇年の農業者の割合は二三・六パーセントと低かったが、一九三〇年にはさらに一四・三パーセントに低下した。これらの町村では、農業人口が停滞または減少したのに対して、商工業や公務および自由業に従事する人口が大きく増加したため、本業就業人口に占める農業者の割合が著しく低下するという現象がみられたのであった。

布施・小阪・高井田・長瀬・弥刀といった東大阪市域西部の町村以外で、一九二〇年から一九三〇年の間に、農業者の割合が著しく低下していたのは、枚岡村と大戸《おおえ》村であった。一九二〇年の枚岡村の農業者の割合は三一・九パーセント、大戸村は四五・三パーセントであったが、一九三〇年には枚岡村が二〇パーセント、大戸村が二六・七パーセントに低下している。枚岡村では、針金工業が盛んだったこともあって、一九二〇年の本業就業人口一六三二人のうちの四四・七パーセントに当たる七三〇人が工業に従事していた。同村の工業従事者は、一九三〇年には九三二人となっていて、約二〇〇人増えていた。商業は二一二人から四四一人へと倍増し、公務および自由業は七六人から一七八人に増えたが、農業を本業とする人口は五二一人から四五八人に減少したため、就業人口中の農業者の割合は二割に低下したのであった。

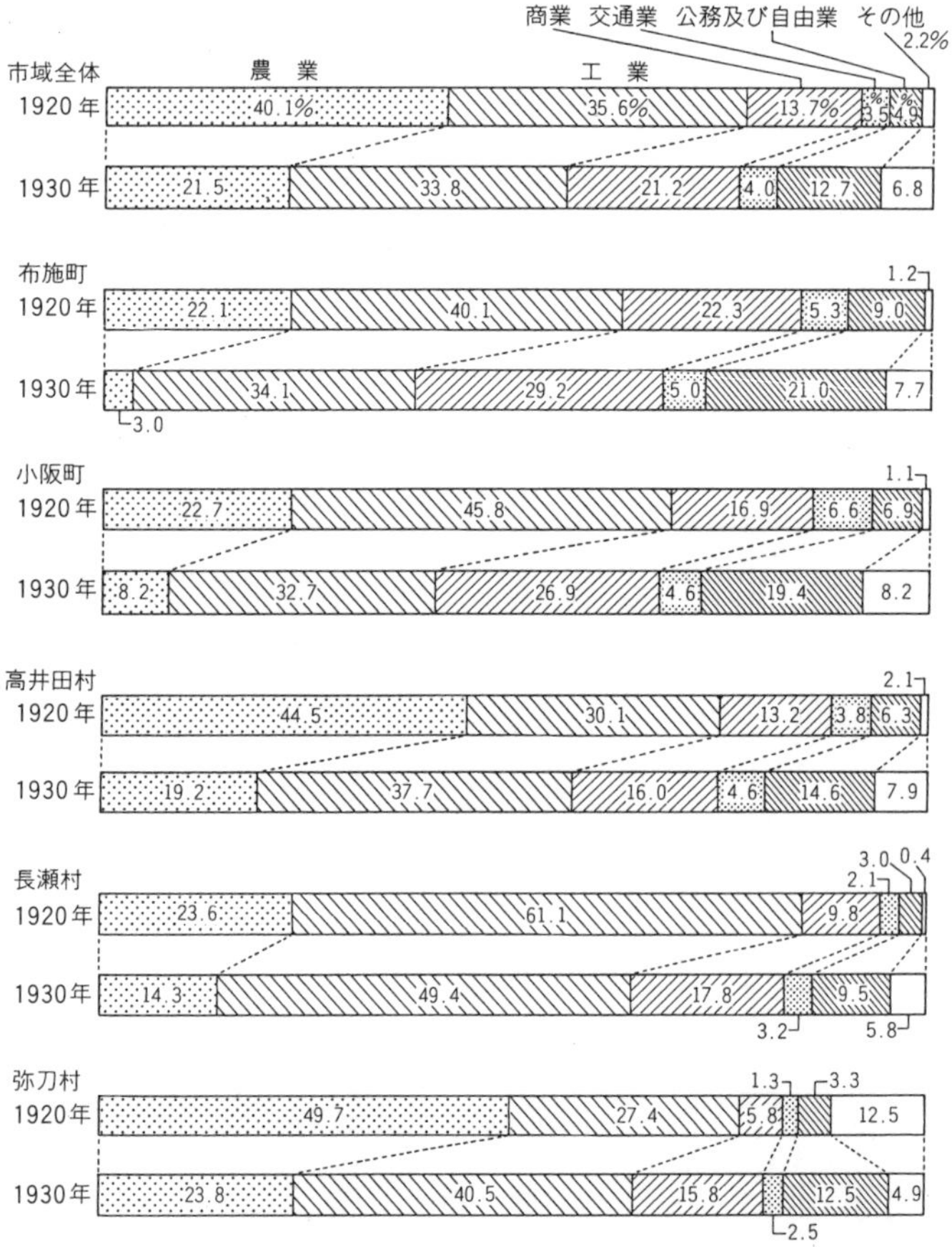

図3　東大阪市域の主な町村における本業就業者の産業別割合の変化
(1920年—1930年)

(注)『大正九年国勢調査報告』3、『昭和五年国勢調査報告』4から作成。なお、布施・小阪両町は、1925年3月までは布施村、小阪村であった。

大戸村では、この一〇年間に商業を本業とする人口が一五二人から三三九人に増えて、就業人口中の割合は一七・四パーセントから二七・一パーセントに拡大した。工業は八三人増加し、公務および自由業も六五人増えたが、農業は六二人減少した。大戸村の商業人口の増加は、大正後半から昭和初年にかけての石切劔箭《つるぎや》神社参道商店街の形成によるところが大きかった。

大阪電気軌道沿線の英田《あかだ》村と縄手村でも、農業人口の割合の低下が進行していた。一九二〇年に英田村の農業人口の割合は五三・九パーセント、縄手村は五四・八パーセントであったが、一九三〇年に英田村が三四・五パーセント、縄手村は三五・四パーセントに低下した。両村とも、この一〇年間に工業・商業・公務および自由業に従事する人口が増加し、農業人口が減少したのであった。

ところで、この一〇年間における布施・小阪両町の商工業人口の増加はとくに著しかった。布施村では、一九二〇年に商業を本業とする人口が三七七人、小阪村では二三五人であったのが、一九三〇年に布施町は二五四九人に、小阪町が一〇〇二人に増えて、就業人口中の割合は布施町が二九・二パーセント、小阪町が二六・九パーセントとなった（図3参照）。工業人口は、この間に布施が二二九八人、小阪が五八三人増加した。両町ともに工業人口は相当程度増えていたが、商業人口の増加が著しかったことから、就業人口中に占める工業人口の割合は、布施では四〇・一パーセントから三四・一パーセントに、小阪では四五・八パーセントから三二・七パーセントに低下した。

これに対して弥刀村では、工業人口の割合が一九二〇年の二七・四パーセントから一九三〇年の四〇・五パーセントへと著しく拡大した。高井田村は、一九二〇年の工業人口の割合が三〇・一パーセント、商業人口の割合が一三・二パーセントであったが、一九三〇年には工業が三七・七パーセント、商業が一六パーセントとなった。

このように、高井田村や弥刀村では、就業人口に占める工業人口の割合が拡大したのに対して、人口増加の規模が大きくて都市的状況が急速度で進行していた布施町と小阪町では、一九二〇年と比べて一九三〇年に工業人口の割合が低下し、商業人口の割合が拡大するという現象がみられた。

なお、東大阪市域西部の町村では、公務および自由業に従事する人口の割合も大幅に拡大していた。布施町では、公務および自由業の割合が一九二〇年の九パーセントから一九三〇年に二一パーセントへと拡大し、小阪町で六・九パーセントから一九・四パーセントへ、弥刀村で三・三パーセントから一二・五パーセントへと拡大した。

この一〇年間に、人口増加が大きくて都市化の度合いが著しかった布施町と小阪町では、農業人口の割合が極端に小さくなり、公務および自由業と商業人口の割合が大幅に拡大した。工業人口は、両町とも増加したものの、就業人口中の割合は低下するという特徴がみられた。この両町に隣接し、続いて都市化が進行しつつあった高井田村と弥刀村でも、農業人口の割合が大きく低下した。両村では、就業人口に占める工業・商業・公務および自由業のいずれの割合も拡大し、とくに工業人口の割合が大きくなったのが特徴的であった。このような、東大阪市域西部の町村における大正末から昭和初年にかけての職業構成の変化は、同地域の住民の生活や人間関係に大きな変動をもたらしたものと考えてよい。

ちなみに、東大阪市域中部の西六郷村では、この一〇年間に職業構成のうえにほとんど変化が見られなかった。同村の一九二〇年の農業人口の割合は四三・七パーセント、一九三〇年には四二・四パーセントであった。

通勤・通学者の増加

『大阪朝日新聞』の一九二四年（大正一三）七月二六日付と二七日付に、「大阪の電車」と題する記事が掲載されている。二六日付の記事には、「郊外電車の多いことでは大阪は世界有数の都市である」と記し、「乗車券から見た郊外の発展」状況について述べていた。同記事によると、一九一六年（大正五）六月現在における、大阪市内の各駅を着駅とする使用中の定期乗車券は、阪神が四五七八枚、京阪三一三一枚、京阪神急行一六一六枚、南海三二七七枚、大阪電気軌道二八三枚であったのが、八年後の一九二四年七月現在では、阪神が八三七八枚、京阪七九九九枚、京阪神急行七九四四枚、南海二万四八三〇枚、大阪電気軌道五五七五枚と、各電鉄とも大きく増加していた。

大阪市内の各駅を着駅とする定期券の使用件数は、この八年間に阪神が一・八倍に、京阪が二・

六倍、京阪神急行五倍、南海七・六倍、大阪電気軌道は約二〇倍に増加したというのである。この数値から同記事は、「大阪市の発展膨張の力は最も多く南方に延び亜《つ》いでは北方である」と書いた。大阪市の南方とは、南海沿線の天下茶屋・堺・浜寺方面と、大軌沿線の今里・布施・小阪方面のことであり、大軌の場合は「大阪から五分乃至十分位の短距離の地点から乗車するものが多く遠距離からのものが至って少ない」と、二七日付同紙の記事は記している。さらに同記事は、大阪市の北方と南方の「郊外線の乗客」を比較して、北方の通勤客には、相当裕福なサラリーマン層が多いのに対して、南方の「大軌の今里、小阪など」からの通勤客には、さほど富裕でない一般の俸給生活者が多く、「今宮、鶴橋町などを中心」に集まり住む無産階級と、「日帰りで上下する地方人」が、大軌の乗客に「最も多いやうである」と書いていた。大阪市の膨張にともなって、一九二〇年代初めには同市に隣接する大阪電気軌道沿線の村々にも人口流入が進み、市内への通勤者が急速に増加しつつあったのである。

大正から昭和初期、大阪市の経済発展と過密化にともない、周囲部に衛星都市が発達した。東大阪市域の布施町と小阪町のほか、堺市、浜寺町（現・堺市）、豊中町（現・豊中市）、吹田町（現・吹田市）、守口町（現・守口市）などが、大阪府内の代表的衛星都市として発達していた。

一九三〇年（昭和五）の国勢調査によると、同年一〇月現在における大阪市への通勤・通学者数は、布施町三四七〇人、小阪町一〇八一人、高井田村一一八三人、吹田町二六六三人、豊中町二四六〇人、守口町一三九一人、浜寺町一一一三人、堺市四三五一人であった。布施・小阪両町と高井田村の通勤・通学者数を合わせると五七三四人となっていて、堺市をはるかに超えていた。このことは、布施・小阪・高井田地域の急速な衛星都市化を示していた。

次頁の表1は、東大阪市域の町村の一九三〇年における町村外への通勤・通学者数と主な通勤・通学地をあげたものである。これを見ると、布施・小阪・楠根の三町と高井田村において、大阪市への通勤・通学者の割合が特に高いということとともに、小阪町・高井田村・長瀬村では、大阪市に次いで布施町への通勤・通学者が多いということがわかる。布施町では、大阪市に次いで小阪町と八尾町への通勤・通学者が多く、これらを合わせると九割以上を占めていた。

表2は、他の市町村からの通勤・通学者が多い東大阪市域の町村を掲げている。布施町では、他市町村からの通勤・通学者が日々二三一四人あり、その半数は大阪市からの通勤・通学者であった。そして、その残り半分のうちの約半数は、小阪町・長瀬村・高井田村・弥刀村といった隣接町村からの通勤・通学者であった。布施町は、中河内郡西部の新興商工業都市として急速に成長しつつあったのである。

『大阪朝日新聞』一九三一年三月一五日付は、「布施や小阪に工場が簇出する」「営業願と共に建築届が押し寄せる御厨署《みくりや》」の見出しで、「鶴橋、九条、四貫島など」大阪市内の工場地帯から「布施、小阪両町方面に工場移転させたり、分工場を建てたりするもの」が増えていると述べ、「現在御厨署管内の工場総数は約三百でこの傾向が持続すれば本年中には一躍倍になるだらう」と書いた。営業願では、「料理屋、飲食店、カフェーが主で湯屋、散髪屋、劇場」が多いと記し

表1　東大阪市域の町村における町村外への通勤・通学者数と主な通勤・通学地

町村名	総数A	大阪市への通勤・通学者数B	$\frac{B}{A}\times100$	大阪市以外の主な通勤・通学地と人数（30人以上の町村）
布施町	4074人	3470人	85.2%	小阪町129　八尾町114 長瀬村78　高井田村61 弥刀村38
小阪町	1528	1081	70.7	布施町227　弥刀村52
高井田村	1464	1183	80.8	布施町115　小阪町55
長瀬村	937	568	60.6	布施町151　八尾町71 小阪町33　弥刀村30
縄手村	538	328	61.0	八尾町37　枚岡村37
楠根町	536	385	71.8	
東六郷村	498	213	42.8	北河内郡豊野村188
意岐部村	491	249	50.7	楠根町74　小阪町40
弥刀村	441	234	53.1	布施町75　八尾町51 小阪町36
玉川村	429	245	57.1	意岐部村32　小阪町30
英田村	407	226	55.5	小阪町40
枚岡村	361	231	64.0	

（注）　通勤・通学者300人以上の町村を掲げた。『昭和五年国勢調査報告』３下から作成。

表2　東大阪市域の町村への通勤・通学者数とその主な居住地

町村名	総数A	大阪市からの通勤・通学者数B	$\frac{B}{A}\times100$	大阪市以外からの通勤・通学者数と主な居住地（30人以上の市町村）
布施町	2314人	1178人	50.9%	小阪町227　長瀬村151 高井田村115　弥刀村75
小阪町	2129	1028	48.3	布施町129　奈良市60　高井田村55 英田村40　意岐部村40　弥刀村36 長瀬村33　玉川村30
弥刀村	540	220	40.7	小阪町52　布施町38　長瀬村30
長瀬村	498	238	47.8	布施町78
楠根町	313	75	24.0	意岐部村74　北河内郡甲可村46

（注）　表１に同じ。

ていて、布施、小阪両町の発展の様子がうかがえる。

なお、小阪町の場合、他市町村から同町への日々の通勤・通学者数は二一二九人であって、同町から他市町村への通勤・通学者数一五二八人をはるかに超えていた。また、同町には、奈良県からの通勤・通学者が二七五人（うち奈良市六〇人）あり、布施町への奈良県からの通勤・通学者数四九人と比べて大変多いという特徴がみられた。

農家の通勤者

『河内四条史』第一冊本編（一九八一年刊）には、「ふえる戸数と給料生活者の増加」という小見出しによる叙述があり、大正末から昭和初期に、枚岡南村（一九二九年に池島村と合併して縄手村）の大字四条にも、転住者が漸増し、古くからの集落とは別の新しい集落が出来始めたと記している。同書は、一九二七年（昭和二）と二八年における大字四条の居住者の「所得ノ生ズル場所・所得額・氏名」を列記した当時の記録を分析し、「地主・自作・小作をとわず、その家の家産の主なものであった土地や、または農業からの収益だけではなく、他の収入の道がかなり一般化し、それを調査することなしには、戸数割などにも不都合を生じるという事態が、村民の生活の上に起こりつつあった」と述べている。また、「給料（俸給）を収入源とするものが五十六人みえ」、その多くは、村内のバリカン工場の「日本理器につとめていると思われるが、中には大阪府庁とか、大阪の市電につとめているものもある」、とも記している。昭和初年になると、大

布施駅（1937年）、『布施市勢要覧』より

阪電気軌道沿線の村々で転住者が漸増し、農家の戸主または家族にも、「給料取り」すなわち通勤者がしだいに増えるようになっていった。

一九三九年（昭和一四）に刊行された帝国農会の『大阪市近郊農村人口の構成と労働移動に関する調査1』には、一九三七年三月における大阪府内九九か町村を対象とした「農家出通勤者」（農業者またはその家族）に関する調査結果が記されている。それによると、府内九九か町村の通勤者総数の五二・三パーセントが「農家出通勤者」であった。この時の調査で、中河内郡では一七か町村が対象とされていて、その通勤者数の六四・一パーセントが「農家出通勤者」であった。これを職業別にみると、職工・労働者が五八・二パーセント、官公吏・会社員・銀行員・教職員二二・五パーセント、店員一一・一パーセントであった。「農家出通勤者」には、職工・労働者などブルーカラーが多かったのである。

『大阪朝日新聞』一九三三年（昭和八）四月一日付掲載の「田園都市大布施町」と題した記事には、「布施は通勤者の町である」とあり、「軍人、官公吏、警察官、銀行会社社員の洪水をみる」と記している。この記事が掲載された四月一日に、布施町と高井田村が合併し新布施町が誕生した。同記事は、「地籍が旧布施町の二倍強となった」、「田園都市としての面目」を上げ、「住宅街と将来を約束」とも書いた。布施町や小阪町などの大阪電気軌道沿線に開発された新興住宅地の居住者には、官公吏・会社員・銀行員などホワイトカラーが多かった。

前掲『大阪市近郊農村人口の構成と労働移動に関する調査1』には、「農家出通勤者の身分に関する調査」結果が掲げられていて、調査対象とされた中河内郡一八か町村の「農家出通勤者」のうちの六三パーセントが小作農家、二六パーセントが自作農家、一一パーセントが地主と記されている。さらに同書は、「農家出の通勤者が持ち帰る収入は一般よりやゝ低額にあるものゝ如く」と述べたあと、「農業を行ふも同時にその家族員の内何人かが勤め人として日々相当額の収入を得て居るものを最もよしとする町村」が大阪府内調査農村の八三・五パーセントを占めているとも書いていた。

農業の傍ら、農業主またはその家族が、日々他産業の労働に従事することで増収をはかる傾向が強くなっていた。すでに、一九三一年一一月一二日付『大阪朝日新聞』に掲載された「都会の触手」と題する記事には、「中河内郡の農業は『退却農業』である」「交通の頻繁は物質の集散を旺んにする」「現在同郡で日傭または商工業的副業をかねない農家は絶無といってよいほど」と記し、中河内郡の農家では農業外収入を求めるのが一般的であると述べていた。大阪市の膨張にともない、近郊農村である東大阪市域の町村の労働状況も大正から昭和にかけて急速に変化したのであった。

なお、帝国農会の前掲書には、大阪地方職業紹介事務局の一九三四年の調査による「大阪府下

表３　1934年における長期の出稼ぎ者と出稼ぎ先

町村名	出稼ぎ者数			出稼ぎ先	出稼ぎの職業
	男	女	計		
孔舎衙村	10	15	25	大阪市	店員　女中
三野郷村	32	21	53	大阪市35　大阪府内15　他府県3	店員　手伝い　女中　行商
長瀬村	106	59	165	大阪市127　京都市5　その他33	女工　店員　女中　行商　その他
縄手村	218	68	286	大阪市188　京都府38　奈良20　神戸市26　和歌山14	労働者
楠根町	30	23	53	大阪市35　その他18	店員　女中　職工

（注）『大阪市近郊農村人口の構成と労働移動に関する調査１』から作成。

に於ける長期の出稼」と題する表が掲げられている。この表から、東大阪市域の町村だけを取り出したのが表３である。出稼ぎ先は大阪市が大部分を占め、その職業は店員・女中・労働者がほとんどであった。同じく一九三四年調査の季節的出稼ぎ者の統計では、孔舎衙村と意岐部村があげられていて、孔舎衙村では男三人、女五人が茶摘み労働で宇治に出稼ぎに出ており、意岐部村からは男二人、女二人が遊芸で奈良と和歌山へ出稼ぎに出ていた。また、前記の一九三七年三月の大阪府内近郊農村の調査では、農閑期を利用した季節的出稼ぎで、三野郷村から土木手伝いとして男五七人、女一〇人が近村に働きに出ていた。

小阪町営団地住宅

一九三六年（昭和一一）に、小阪町は都市計画事業として、小阪駅の南東約七〇〇メートルの田園地に、四三二三坪五合（一万四二九三平方メートル）の宅地を造成し、住宅五〇戸を建設して分譲を行った。同年一一月の「小阪町営一団地住宅建設事業概要」には、事業の目的として、「急激ナル人口増加ニ伴フ住宅供給不足ノ緩和」を図り、「健康住宅ノ一基調」を示して「無秩序ニシテ粗悪ナル住宅」の建設を抑え、「中産階級ノ住居費」の「合理的節約」を図るとともに、「土地利用上ノ統制指導」と「未開発地ノ

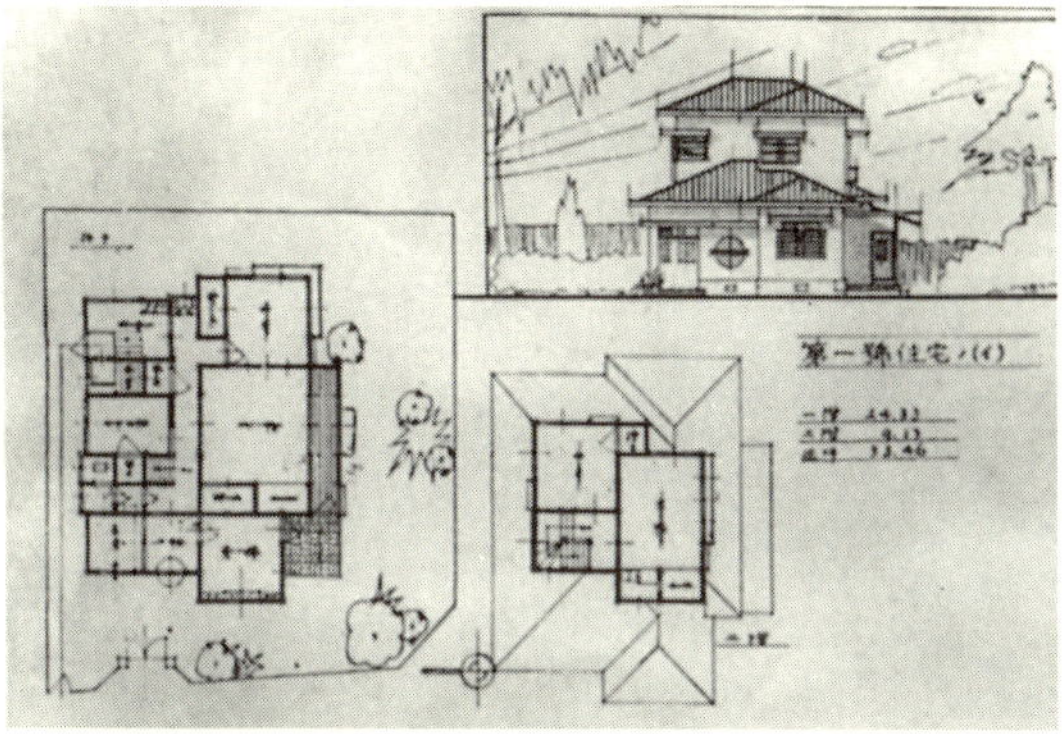

小阪町営団地住宅（第１号住宅イ）の見取り図（山澤家文書）

発展」に役立てたいと記していた。模範的な町営の団地住宅を建設することによって、ホワイトカラー層が住む、よく整った住宅地域として、町の発展を図ろうというのであった。

この町営団地住宅建設案は、一九三五年二月二七日の町会に提出された。翌二八日付の『大阪朝日新聞』は、「中流以上の家庭を目標」に「模範住宅」五〇戸を「小阪町で建てる」と報じ、五月三日付の同紙は、「小阪駅の東七丁の地点」に新駅設置の計画が進められていて、小阪町では「町東部の急激な発展」を促進する意味で、「新駅南方三丁の地点」に「模範的町営住宅五十戸を建設の計画」と報じていた。同年一二月二七日付の同紙には、「待望の小阪町営住宅、新春早々から着工」との見出しで、「かねて府都市計画課で設計中」の「十一種の設計図」が完成したと報

じ、「さすが府都計課が腕によりをかけて設計しただけに景観や間取り」が、「普通の住宅」と比べて「よほど立派」に出来ているとと書いていた。

町営住宅の建築が始まったのは、一九三六年八月六日であった。この時すでに、数倍の購入申し込み者のなかから、抽選によって居住者が決定されていた。八月下旬には上棟が終わり、一一月五日に五〇戸全部が完成した。この小阪町営の住宅団地は、東翠園《とうすいえん》と名付けられた。小阪駅東方の新駅も一一月には竣工し、八戸の里駅の名で乗降が開始された。東翠園の中央には、幅八メートルの府道八尾・稲田線が貫き、三〇〇メートル余り北の八戸の里駅と連絡していた。

前掲の「小阪町営一団地住宅建設事業概要」によると、建築された五〇戸の住宅は、いずれも二階建て木造瓦葺きであったが、延べ建坪は敷地面積に応じて三三坪余（第一号住宅）、二九坪前後（第二号住宅）、二六坪前後（第三号住宅）と大きく三つに分けられていて、屋根は切り妻または方形入母屋とし、和風と洋風を取り混ぜた一一種類の外観造りとなっていた。間取りも、家の大きさや外観造りに応じた一一種類の設計で出来ていた。整然と区画された五〇戸の敷地は、八〇坪（二六四平方メートル）程度、六四坪（二一二平方メートル）程度、五一坪（一六八平方メートル）程度の三通りあった。

土地と家の所有権は、分譲総額の一割を前納し、残りを一五か年以内に月賦償還することで入居者に移転することになっていた。だが実際には、五〇戸のうちの一八戸が、全額一括納入で購入しており、六割前納で残りを七か年償還としたのが一〇戸、一割前納一四か年償還で入居したのは二二戸であった。この二二戸のうち二一戸は、敷地面積約五一坪の分譲額三五〇〇円から三六〇〇円の「第三号住宅」を購入していた。全額を納入した一八戸は、すべてが四〇〇〇円以上の住宅を購入していて、うち七戸が敷地面積八〇坪前後、分譲額四八〇〇円弱から四九〇〇円強の「第一号住宅」を買っていた。建築された五〇戸のうち、「第一号住宅」は一〇戸、敷地面積六四坪程度で分譲額四〇〇〇円から四三〇〇円までの「第二号住宅」は一五戸、残りが「第三号住宅」であった。「第一号住宅」と「第二号住宅」に入居できたのは、相当裕福な階層だったと言ってよい。

なお、この町営団地住宅の建設総額は、二〇万一四〇四円であった。このうち、住宅建築費が一三万八二七五円、用地費二万八八七五円、道路費五三三九円、整地費七〇五五円、下水道費三五四五円、雑工費四四〇円、設計及監督費四一五〇円、事務費二三三三円、借入金利子其他雑費六三九二円、予備費五〇〇〇円であった。『大阪朝日新聞』一九三六年一一月一日付は、「小阪町営住宅、東翠園落成、十五日盛大に挙式」と報じ、「『移住者』二百余名が町民となるのは十日前後で、同町では安井英二知事に依頼して住宅名を石柱に刻んで住宅入口に建て落成を記念する」「七日、日本建築協会の見学が行はれるはず」と記していた。小阪町が建設した東翠園は、整然と区画された立派な住宅団地であった。

2　住民の生活と娯楽

「御大典」と祝賀行事

一九二八年（昭和三）一一月六日の朝、即位式挙行のため東京を発った昭和天皇夫妻は、その日名古屋に一泊し、翌七日午後二時に京都に着いた。東京出発の日の早暁には、宮中温明殿《うんめい》においての「賢所渡御の儀《かしこどころとぎょ》」が執行され、七日夕刻には京都御所春興殿への「賢所渡御の儀」が執り行われた。神器を奉じての京都行幸の儀に始まり、一〇日の即位式、一四日大嘗祭《だいじょう》、一六、一七日の大饗宴、二〇日伊勢神宮参拝、二六日東京還幸、三〇日宮中皇霊殿参拝と続いた一連の儀式が、いわゆる「御大典」であった。

「御大典」期間中、とくに即位式から大饗宴が終わるまでの数日間は、各地で祝賀行事が催され、日本中がお祭り気分に満ちた。大日本帝国の基盤が築かれた明治天皇の時代四五年に比べて、一五年と短かった大正時代のあと、慢性的不況のなかで迎えた若くて健康な新しい天皇の時代に、国民の多くが日本の明るい将来を期待した。

京都行幸前日の五日には、横須賀第二艦隊の巡洋戦艦金剛、比叡以下三三隻が、即位式の警備と儀礼のために大阪港に続々と入港して府知事の歓迎を受けた。翌六日、大阪市内では「御大典」第一日に合わせて、新築なった四ツ橋の渡初式が挙行され、日の丸の小旗を手にした幼稚園児と小学児童約五〇〇〇人が行幸を祝った。夜になると中之島一帯が祝賀のために取り付けられたイルミネーションに浮かび上がり、「大礼」期間に入ったことを告げた。

即位式当日の一〇日には、午前一一時前後から、大阪市内の各区役所、大阪府内の市町村役場または小学校において、高齢者への「天杯授与式」が行われ、下賜された杯と酒肴料《しゅこう》が各市区町村長の手によって渡された。この日大阪市内は、大阪城大手前、中之島公園から溢れ出た三〇万の学校生徒、青年団、各有志団体などの旗行列や見物人で賑わい、夜には提燈《ちょうちん》行列で埋まった。『大阪朝日新聞』は、「歓びの町に渦巻いた人波　大阪始つての物凄い人出　はちきれる市電、溢れるバス　いづれも創業以来の乗客記録」と報じた。

東大阪市域の町村でも、即位式当日に祝賀式が挙行され、旗行列や提燈行列などが行われた。『大阪朝日新聞』一九二八年一一月一日付は、「小阪町の奉祝方法」を次のように報じていた。

大阪府中河内郡小阪町の御大典奉祝方法は左の通り決定した。十日午前十時から高齢者への御下賜品拝受式、午後二時拝賀式一斉万歳三唱、小学生徒の旗行列、同五時青年団、消防組、在郷軍人分会、町有志、五年生以上生徒の提燈行列参加人員約七百名、なほ十四日から十七日までの間には町内有志の屋台その他の催物により奉祝気分を出すと。

即位式の翌一一日付の『大阪朝日新聞』は、中河内郡各町村の奉祝状況を次のように報じた。なお、文中における、日本を「内」と称し朝鮮を「鮮」と略した「内鮮」の言葉は、日本の植民地支配下における朝鮮に対する差別語である。

瓢箪山の御大典祝賀行事、山畑阿智彦氏提供

八尾町が午前九時から八尾小学校講堂で高齢者に対し御下賜の養老杯並に酒肴料奉授式を行ひ三時一同万歳を三唱したほか布施、小阪両町でも午前十時高齢者御下賜杯の伝達式、二時半から拝賀式をあげ、三十九ケ町村に各警察署や各学校も加はり聖寿《せいじゅ》無彊《むきゅう》を祈り奉った。催物は小阪町の小学児童千余名の旗行列を皮切りに各村小学児童および八尾署管内内鮮共愛会などの旗行列が引も切らず、夜に入っては三十九ケ町村の青年団、町村有志の屋台、流し提燈行列の群が夜更くるまで入り乱れて動いた。

一一月一五日付『大阪朝日新聞』は、「祭政一致、至高の大祀を聖上暁かけて御親祭」と記し、一四日夕刻から一五日払《ふつ》暁《ぎょう》にかけて執行された大嘗祭の模様を紙面いっぱいに報じた。一四日と一六日は、官庁や学校が休みとなり、会社や商店も「御大典」祝賀で休業するところが多かった。一七日までの四日間、大阪市内は祝賀踊りに興ずる市民と、郡部からの人出でごった返した。一五日と一七日付の『大阪朝日新聞』は、「大繁盛の各郊外電車」「増発につぐ増発」「大軌、大鉄もそれぞれ一万ないし三万五千人といふ数字を示した」と記している。この期間中、布施町や小阪町でも、町民による各種の催しがあって、賑やかな日が続いた。一七日付の同紙には、「畦道まで練り歩く中北両河内郡」の見出しの記事が掲載されていて、次のように記している。

中、北河内郡では小阪、布施、瓢箪山、守口、庭窪の諸町村では商売もそつちのけで午前中から宝恵籠に御輿にと子供に交つて大人連も踊り出る。午後は枚方遊廓の紅裙《こうくん》連のお練り、枚岡村の伊勢参宮姿の百人の一行など繁華な通りは勿論田の畦をみえかくれに練る御輿組もあり、日が落ちるころには催し物といふ催し物がすつかり出揃ひます〳〵油がのつて急調子にやりまくる。すまし顔な娘も渋面の爺さん婆さんや分別顔の中年男もすべてが童心の故郷に帰つて夜霜のふり注ぐ時刻も忘れて踊り抜き奉祝気分の絶頂を思はしめた。

大饗宴第一日の一六日には、府知事の人選による「地方賜饌」が天王寺公園で開かれ、「千百余名」の府民が「お召し」の栄に預かった。「御大典」は、大日本帝国憲法下の国家体制を、晴れやかに演出した実に大きな国民的行事であった。

なお、全国各地において「御大典」を記念した各種事業が計画され、実施された。『大阪朝日新聞』には、東大阪市域の町村で計画された次のような「御大典」記念事業に関する記事が掲載されている。

枚岡梅林整理、御大典記念事業。

大軌沿線枚岡官幣大社では、今秋の御大典を記念に神苑梅林の整理、神饌所、中門の改修、社務所の移転などの事業を三期に分つて行ひ古社としての名を高めるべく力を入れてゐる

が、目下神苑梅林の整理にあたつてゐるから梅花の咲くころには面目を一新するであらう。（一九二八年一月一五日付）

御大典と枚岡村。

大阪府中河内郡枚岡村では、御大典事業として大軌枚岡停留所から軌道東側にそうて暗《くらがり》峠《とうげ》に通ずる奈良街道を新設することに決定不日着工する。（同年五月二三日付）

三野郷《みのごう》小学校の御大典記念事業。

大阪府中河内郡三野郷村小学校では、御大典記念事業として高等科三十名が学校付近の田地一段二畝歩の耕作をなし、作米を同村鶴原神社、伊勢大神宮に奉献することゝなつた。なほこれを機会に毎年耕作奉供すると。（同年五月二四日付）

玉川村の記念事業。

大阪府中河内郡玉川村小学校では御大典記念に経費三万五千余円で敷坪百五十坪余の校舎を増築すると。なほ同村役場では高齢者十八名に座布団一枚づゝを贈ると。（同年一一月一日付）

東大阪市域の町村においても、「御大典」を祝ってさまざまな記念事業が計画され、実施されたのであった。

花園ラグビー場

花園ラグビー場の建設計画が、『大阪毎日新聞』に大きく報じられたのは、「御大典」の熱気がまだ覚めやらぬ一九二八年（昭和三）一二月一一日であった。一九四〇年（昭和一五）刊の『大阪電気軌道株式会社三十年史』には、「ラグビー場駅」（現・東花園駅）について、「ラグビー運動場の観覧客取扱のため、昭和四年に設置した臨時駅である」と記し、「ラグビー運動場」は、「当社が昭和御大礼記念事業の一つとして本駅の北方に新設した」と書いている。大阪電気軌道の「御大典」記念事業の一つとしてラグビー場建設が計画されたのには、当時「スポーツの宮様」として知られ、ラグビー振興に強い関心を持っていた秩父宮雍仁《やすひと》親王（一九〇二～五三）の勧めがあった。秩父宮雍仁親王は、大正天皇の第二皇子で、一九二二年（大正一一）六月に秩父宮家を創立した。その後、一九二五年五月にイギリスに留学し、一九二七年（昭和二）一月に帰国した後、二八年九月に松平恒雄の娘勢津子と結婚した。『大阪毎日新聞』一九二八年一二月一一日付は、「東洋に唯一つのラグビー競技場　秩父宮さまのお言葉から　大軌沿線花園にできる」と、三段抜きの見出しを付けて次のように記していた。

大阪電気軌道株式会社では、先般来大阪府中河内郡英田村吉田大軌花園駅東北に東洋唯一のラグビー競技場を建設すべく計画中であったが、十日正午同社重役会で満場一致で可決、直に工事に着手することとなった。この計画は昨年五月秩父宮殿下が同社種田専務に賜った御言葉に端を発したもので、その後同社で研究をすゝめてゐたが、最近関西ラグビー選手澤田健一氏の入社とゝもに案は急速に具体化して、今回重役会議に提出されるに至つたものである。計画案によると敷地総坪数は八千坪、その中央に長さ百六十ヤード幅七十五ヤードの正規競技場を取り、メイン・スタンドは風向と日あたりとを考慮してその西方にしつらへ、その高さ三十尺、幅五十尺、二十五階段、すべて鉄筋コンクリートで内部には選手控室、脱衣場、事務室、浴室、便所、集会室はもとより一般食堂、休憩室も設けクラブ・ハウスとしての設備も完備させるほか東、南、北の三方に無蓋の鉄骨スタンドを作り全部で優に二万人を収容し得る予定である。

競技場はスタンドと十ヤード以上離すこととなつてをるが、全部芝生で覆ふはずで、完成の暁にはラグビーのほかサッカー、ホッケー、バスケット、バレー、クリケットその他のフィールド競技にも使用することが出来よう。予算総額は約五十万円、来年十月末までに竣工の予定であるが、同社では竣工の暁は競技場付近へ仮停車場を設け、道路も完成させることとなつてゐる。

さらに同記事は、「殿下の御言葉に感激して計画」と記し、種田虎雄大阪電気軌道専務の次のような談話を掲載している。

先年秩父宮殿下が御帰朝御奉告のため神武天皇陵へ御参拝あらせられた時、私から当社の事業につき御説明申上げたところ、殿下には「ラグビーといふ競技は好い競技だが、それについて何か計画はあるか」と仰せられましたので、「目下研究中で、近き将来において何か致すつもりです」と御返事申し上げましたが、その後殿下にはこのことをラグビー協会の人にも御物語りがあったと洩れ承り、私としても会社としても恐懼に堪へず、早速競技場建設の計画を急いで今日具体化の運びに至ったものであります。殿下の御言葉に対し奉っても是非とも立派なものを作り上げたいと思ってをります。

大阪電気軌道は、ラグビー場建設の計画立案にあたって、東京大学出身のラグビー選手沢田健一を入社させ、建築とフィールドの主任責任者とし、西部ラグビー協会と協力体制をとって同協会内に競技場建設のための専門委員会を設置した。イギリスのトウィッケナム・ラグビー場を模範とした花園ラグビー競技場の設計は、フィールド関係を林英夫が、観覧席その他は京都大学工学部の中尾保が担当した（『近鉄ラグビー部五〇年史』一九八一年刊）。工事は清水組の請負で一九二九年二月に着工し、同年一一月初旬に完成した。同年一一月二二日、秩父宮夫妻を迎えて開場式が挙行され、全日本OB対学生選抜の記念試合が行われた。一一月二三日付『大阪朝日新聞』は、「秩父宮殿下ラグビー選手に御会釈を賜ふ」と説明を付け、開場当日の写真を大きく掲げた。そして同紙は、「秩父宮さま御成の道普請　青年団が奉仕」の見出しで、同じ紙面に次のような記事を載せていた。

中河内郡英田村青年団新家支部では、花園グラウンドに秩父

花園ラグビー場（1929年）、近鉄広報室提供

宮殿下お成りをお迎へする前日の二十一日、折から大雨でお道筋にあたる約一町半の道路に水が一尺余も溜つて全くの泥海と化したので、同日午後四時過ぎから団員五十五名が全部出動し、それに在郷軍人も加はつて大改修に努め、二十二日朝六時すぎにやつと面目を一新して殿下をお迎へ申し上げ、引続いてお帰りになるまで警戒の任に当つた。

右の記事から、秩父宮夫妻を迎えた英田村村民の姿と、その日の村の様子がうかがえる。当時はまだ、大阪市内と英田村を結ぶ道路は狭い地道であった。『第二〇回全国高専ラグビー大会大会特輯号』(一九四八年発行)には、花園ラグビー場が開設された当時を回想した「荷馬車の妨害に困った〝花園への道〟」と題した文が掲載されている。この文を書いたのは、毎日新聞大阪本社運動部副部長で、京大在学当時はラグビー選手だった中出輝彦である。花園ラグビー場開設当時すでに新聞記者だった中出は、この回想文の中で、悠々たる牛車に自動車の行く手を阻まれたことや、時には沿道の村人がわざと道路に物を置いて自動車を妨害したことなどを書いていた。当時の東大阪市域には、前にあげた『大阪毎日新聞』の記事に紹介されたような立派なラグビー場とはほとんど無縁の、生活のためにひたすら農作業などに励む多くの村

表4　花園ラグビー場の開場日数・入場者数・収入額

年　次	開場日数	入場者数	収入額
	日	人	円
1929	1	20,000	1,008
1930	6	22,324	11,317
1931	18	27,253	10,454
1932	10	25,618	19,008
1933	7	19,370	7,727
1934	11	47,134	34,442
1935	12	41,503	15,283
1936	9	38,026	28,622
1937	10	29,487	20,317

(注)　各年『大阪府警察統計書』から作成。

人の姿が見られたのであった。

ところで、前掲の『大阪電気軌道株式会社三十年史』は、開設後一〇年間の花園ラグビー場について、「毎年東西各大学を初め全国高等専門学校等代表選手の元気満ち溢れた大試合の外、屢々外邦より遠来の学生選抜軍を迎へて、我邦《わがくに》学生選手と華々しき対抗試合が行はれて、何時も場内は人を以て埋められる盛況である」と記していた。なお、開設後数年間における花園ラグビー場の開場日数と入場者数および収入額は、表4に示したとおりである。

娯楽施設と臨時興行

一九三七年（昭和一二）刊の『布施町誌』続編には、「社会事情」という項が設けられていて、そのなかに「娯楽」の小見出しによる記述がある。これによると、一九三六年四月一日現在で布施町に存在する娯楽施設は、活動写真（映画館）が二、寄席一、撞球場《どうきゅう》（ビリヤード）一三、射的場二、魚釣り場八、囲碁（碁会所）一〇、将棋会所六、飲食店二七五となっている。さらに同書には、布施町は「近郷各町村の娯楽の中心となつて居り、その教育的効果の善悪は別としても明らかに新興の勢を一面に反映するものである」と記している。また、「町民の之に対する関心も、以前農村時代の青年達が村の床屋等に集り多く座談をしたものが、漸次にその中心をこゝに移して新しい青年の娯楽場として迎へられて来たことは大きい変化である」とも述べていた。

一九三三年（昭和八）における布施町内の常設興行場は、足代《あじろ》座、第二足代座、昭栄座の三か

足代座（昭和初期）、『市制拾周年布施市史』より

所であった。『布施町誌』続編では、映画館が二、寄席一と記されているから、この三か所のうち二か所が映画館で、一か所は寄席として営業していたことがわかる。これらの常設興行場では芝居が行われたり、講演や集会が行われることもあった。表5は、東大阪市域に存在した常設興行場の開場日数、入場者数を示したものである。これをみると、特に足代座と昭栄座の入場者数が多く、次いで小阪座、長瀬座、昭和座の入場者数が多いことがわかる。これらの興行場では一年間を通じてほとんど毎日開場しており、興行の中心は映画であったと考えてよい。

表6は、御厨警察署と額田警察署の両管内における常設興行場での年間興行延べ日数を、興行種別で表したものである。御厨、額田両警察署は、一九二六年（大正一五）六月までは八尾警察署御厨分署、額田分署であった。一九三一年（昭和六）三月現在における御厨警察署の管轄区域は、布施町・小阪町・楠根町・高井田村・意岐部村・弥刀村・玉川村・西六郷村・北江村の三町六村であった。この区域は分署時代と同じであるが、布施と小阪は一九二五年三月まで村であり、楠根は一九二九年九月まで村であった。額田警察署

表5　東大阪市域における常設興行場の開場日数と入場者数

年次	足代座		小阪座		瓢　座		昭和座		玉栄座		昭明座	
	日数	入場者数	日数	入場者数	日数	入場者数	日数	入場者数	日数	入場者数	日数	入場者数
	日	人	日	人	日	人	日	人	日	人	日	人
1924	65	5,723	—	—	—	—	—	—	—	—	—	—
1925	353	29,547	87	6,268	36	12,868	—	—	—	—	—	—
1926	355	44,162	352	37,647	120	16,398	—	—	—	—	—	—
1927	357	55,938	358	58,478	113	19,075	7	1,172	—	—	—	—
1928	364	60,508	366	63,872	93	15,641	363	63,946	—	—	—	—
1929	364	85,854	364	66,593	97	18,441	328	58,108	60	18,474	98	16,198
1930	365	89,677	364	51,946	83	15,846	347	49,492	144	27,841	218	42,748
1931	364	99,550	364	61,203	83	14,211	363	74,325	136	26,702	211	31,355
1932	365	109,901	365	63,833	58	10,116	207	39,911	115	22,821	194	34,557
1933	365	111,916	364	65,753	68	12,449	115	24,792	115	23,683	98	14,617
1934	363	88,704	362	81,686	118	19,438	228	37,118	77	16,493	—	—
1935	356	102,407	364	67,209	108	26,726	339	47,907	107	21,285	—	—

年次	枚岡座		昭栄座		六郷館		吉花倶楽部		長瀬座		第二足代座	
	日数	入場者数	日数	入場者数	日数	入場者数	日数	入場者数	日数	入場者数	日数	入場者数
	日	人	日	人	日	人	日	人	日	人	日	人
1924	—	—	—	—	—	—	—	—	—	—	—	—
1925	—	—	—	—	—	—	—	—	—	—	—	—
1926	—	—	—	—	—	—	—	—	—	—	—	—
1927	—	—	—	—	—	—	—	—	—	—	—	—
1928	—	—	—	—	—	—	—	—	—	—	—	—
1929	58	12,167	—	—	—	—	—	—	—	—	—	—
1930	212	42,419	91	20,814	3	914	169	33,216	—	—	—	—
1931	175	27,260	364	75,196	102	15,578	132	19,948	186	19,703	—	—
1932	203	30,422	365	71,268	103	14,716	190	24,809	365	56,015	110	21,691
1933	200	34,928	364	107,172	100	13,491	174	17,348	263	43,284	361	51,559
1934	190	32,022	362	114,019	80	12,952	31	5,338	323	86,123	299	51,421
1935	212	39,930	363	115,648	48	7,533	—	—	318	70,813	231	33,133

（注）　各年『大阪府警察統計書』から作成。日数は開場日数のこと。

表6　映画・演劇・寄席等の年間興行延べ日数の変化　（単位：日）

年次	御厨警察署管内						
	演劇	活動写真	講談・落語 歌舞音曲	浄瑠璃	浪花節	相撲	その他
1923	28	29	42	33	29	1	3
1924	16	75	13	24	24	3	10
1925	43	503	47	6	20	4	—
1926	7	730	4	77	34	3	41
1927	6	753	4	31	124	17	96
1928	34	1,137	71	2	110	3	45
1929	152	1,136	71	42	114	24	3
1930	176	1,353	82	56	241	10	2
1931	235	1,995	73	7	157	12	52
1932	136	1,891	217	8	190	11	1
1933	56	1,474	390	—	286	—	1
1934	194	1,572	342	—	37	18	20
1935	128	1,442	168	—	302	7	3
1936	139	1,789	403	—	214	3	3

年次	額田警察署管内						
	演劇	活動写真	講談・落語 歌舞音曲	浄瑠璃	浪花節	相撲	その他
1923	36	63	30	4	45	1	9
1924	77	40	55	4	50	3	5
1925	73	102	96	28	38	3	4
1926	91	109	67	2	46	1	12
1927	112	123	21	4	42	1	10
1928	48	146	33	6	46	5	13
1929	62	108	48	2	31	4	19
1930	84	290	104	—	94	2	48
1931	64	268	2	—	69	—	105
1932	51	264	55	—	106	10	77
1933	35	188	109	4	74	2	48
1934	30	167	—	—	74	—	91
1935	26	211	38	—	48	—	20
1936	34	166	43	—	50	1	11

（注）　各年『大阪府警察統計書』から作成。

の一九三一年三月における管轄区域は、枚岡村・大戸村・孔舎衙村・縄手村（一九二九年四月に枚岡南村と池島村が合併して縄手村となる）・英田村・東六郷村（大字川中を除く）の六か村であった。一九三一年四月までは額田署の場合も、管轄区域は分署時代と同じであった。一九三一年四月になると、東六郷村・西六郷村・北江村が合併して盾津《たてつ》村ができた。盾津村は、御厨警察署の管轄となったので、それまで額田警察署が管轄していた旧東六郷村の地域が御厨警察署の管轄に入った。ただし東六郷村は、人口三五四二人（一九三〇年）の小さな農村であった。両警察署の管轄区域に変更があったとはいえ、表6の統計数字の上には、ほとんど影響がないとみてよい。

表6でもっとも注目されるのは、活動写真（映画）の興行日数が多いことである。特に都市化が急速に進みつつあった布施・小阪両町を管轄する御厨警察署管内において、昭和初期に活動写真の興行日数が急増している。額田警察署管内の統計でも、昭和になると活動写真の興行日数が多くなっている。東大阪市域の人々の娯楽のなかで、映画の占めるウエートが大きくなったことがこの時期の特徴であった。ほかに、芝居・講談・落語・浪花節などの興行場に出掛けて行くのも住民の楽しみであった。一九二九年四月二〇日付『大阪時事新報』には、「不景気を知らぬ大衆娯楽場」「どし〳〵ふえてゆく府下の映画館と寄席」と報じられ、同月二一日付には「大軌沿線片江に大歓楽郷出現」の見出しで、「東成区片江町大今里町に今度新歓楽郷が出現することになつた」「多数の劇場や活動写真館を続々建築することになつてゐる」と報じていた。

『大阪時事新報』の一九三〇年五月一一日付には、「京都に設立のトーキー製作所」「米国から

表7　臨時興行の開場日数と入場者数

年次	御厨警察署管内				額田警察署管内			
	有料興行		無料興行		有料興行		無料興行	
	開場日数	入場人員	開場日数	入場人員	開場日数	入場人員	開場日数	入場人員
	日	人	日	人	日	人	日	人
1926	69	24,131	120	21,409	153	37,562	56	14,997
1927	164	19,388	144	70,367	176	40,161	34	8,911
1928	217	40,165	97	25,947	144	29,435	59	17,679
1929	216	48,901	130	20,956	74	18,536	44	17,471
1930	258	43,593	56	13,374	46	9,616	81	38,692
1931	147	19,287	57	16,990	1	151	124	38,245
1932	67	14,063	67	18,705	11	3,339	93	55,293
1933	122	21,225	27	8,598	21	9,622	78	52,451
1934	92	21,006	22	7,442	13	879	43	71,531
1935	45	10,433	17	26,182	16	4,632	27	34,957
1936	36	5,565	26	8,497	7	3,341	5	2,464

（注）　表6に同じ。

技師を迎へ本月下旬から着手」と報じ、同じ紙面に「『何が彼女』のトーキーは松竹チエーンで封切　『父』の声画も独逸《ドイツ》へ輸出」の見出しで次のように記していた。

蒲田佐々木監督、岩田裕吉、八声恵美子、高田稔主演の「父」は十六日から封切の予定、これは伯林《ベルリン》で好評であつた「永遠の心」と同じ監督主演者といふので伯林へレコードトーキーとして発送、また帝キネの「何が彼女をそうさせたか」のトーキー化は着々進捗、本月末松竹チエーン封切の予定。

映画は、しだいにトーキーの時代に移行し、大衆娯楽の主流となってますます普及していった。

表7は、御厨、額田両警察署管内における臨時興行に関する統計である。これをみると、昭和の初めには東大阪市域において有料または無

料の臨時興行が盛んだったことがうかがえるとともに、数年たつと臨時興行の開場日数が急速に減少していったことがわかる。臨時興行は、歌舞音曲・講談・芝居などを、村々の神社の境内や会所などを使って行われたが、東大阪市域の都市化と常設興行場の増加のなかで、しだいに下火になっていったようである。

ところで、一九三一年（昭和六）三月一五日付『大阪朝日新聞』には、「営業願と共に建築届」が、御厨署に「押し寄せ」ていると報じ、「営業願の方は料理屋、飲食店、カフエーが主で湯屋、散髪屋、劇場が多く、布施町のカフエーの殖《ふ》え方と来たら物凄いばかりで一、二ケ月で営業主の変るのもまた多い」と記していた。同紙の一九三一年一一月一二日付には、「小阪付近では平均一日十軒の家が建つといはれ、外にも工場、興行または遊戯場、料理飲食店等の激増は他郡に比なく」と報じていた。すでに、一九二九年刊の『布施町誌』には、同町において「特に目に着くのはカフエーと飲食店の発展振である」と書かれていたし、前掲の『布施町誌』続編には、「近年最も著しい事情は接客業の発達である」「昭和十一年末の職業調査では接客業に従事する世帯三七六世帯」、「殊に東足代の商店街を中心とする一帯の地域では殆ど軒並に娯楽的飲食店を見る有様となつて居る」と記していた。

『布施市における中小商店の実情』（一九三九年刊）によると、一九三八年（昭和一三）の布施市における「興行・娯楽及接客業」の営業所総数は、六〇七であった。このうち「興行・娯楽業」の営業所数は四一、うち活動写真興行六、遊戯場・娯楽場三五となっており、「接客業」（旅館・

布施の広小路商店街（1937年）、『布施町誌』続編より

下宿、理髪店、理容業、浴場業）の営業所数は二二二、飲食店が三四四となっていた。飲食店のうち、料理店が二二、普通飲食店八七、料理仕出店八、麺類店七九、カフェー三九、喫茶店六二、温酒場四七であった。

カフェーは、洋風料理や酒などをおき、幾人もの女給を擁して彼女らに客の接待をさせた風俗営業であった。大正から昭和初期は、こうしたカフェーが急速に増加した時期であった。映画館・撞球場・カフェー・ダンスホールなどは、この時期における大都市の発展を背景とした大衆文化の表層を示していた。

すでに述べたように、布施や小阪は、一九二〇年代以降の大阪市の大膨張に飲み込まれるかたちで急速に都市化していった。一九二〇年（大正九）の布施村の人口は四六八六人、小阪村は三五六四人にすぎない農村であった。両村は、その後十数年の間に都市的発展を遂げ、住宅街や繁華街を出現させた。このことは、布施・小阪を中心とする東大阪市域西部の住民の生活や娯楽嗜好にも大きな変化をもたらしたのであった。

第二章　新宗教運動の展開と東大阪

1　生駒の民俗宗教と都市民

呪術信仰の大店《おおだな》と市場《いちば》

生駒山地の主峰は、標高六四二メートルの生駒山である。信貴山は、その南七・四キロに位置し、標高四三七メートルである。生駒山の中腹には宝山寺があり、信貴山には朝護孫子寺《ちょうごそんしじ》があって、現世利益を求める多くの人びとの信仰を集めている。

生駒の山並みは、大阪側が急傾斜の崖をなし、奈良側は緩やかである。大阪側には幾筋もの谷があり、滝が多い。生駒山の急斜面を下った辻子《ずし》谷の扇状地が石切であり、ここに俗に「でんぼの神さん」（腫れ物の神さん）で名高い石切劔箭《つるぎや》神社がある。辻子谷の南に額田谷があり、そのまた南に客坊谷がある。客坊谷の下ったところが辻占《つじうら》で知られる瓢簞山稲荷神社である。

宝山寺・朝護孫子寺・石切劔箭神社・瓢簞山稲荷神社などは、生駒の山中と麓に立派な店を構えた呪術信仰の大店であり、いずれも創建は歴史的に古い。なかでも、宝山寺と石切劔箭神社の繁栄は著しく、現世利益を求める参詣者の熱気を保持し続けている。

宝山寺と石切劔箭神社の近辺には、多くの民俗宗教が存在していて、小規模な呪術信仰の店を開業している。神仏取り混ぜたそれらの店は、ある程度形の整ったものから露店のようなものまでさまざまであり、雑然と集まって市場をなしている。これらは、古くて大正期、新しくてごく最近できたものである。大商店が繁盛すると、その顧客のおこぼれを狙って、同様の商品を売る店が集まるのと同じである。

宝山寺や石切劔箭神社は、明治期にしだいに参詣者を増やしたが、もっぱら大正期以降に飛躍的繁栄を遂げた。それは一九一四年（大正三）に、大阪電気軌道（現・近鉄奈良線）の大阪―奈良間が開通し、大都市大阪の小市民を大量に生駒の霊山に運ぶようになったからである。明治のころは徒歩参詣であったから、大阪市の経済発展を背景に、相当数の都市民を吸引し始めたとはいえ、まだまだ小規模にとどまっていた。

石切劔箭神社（大正期）、『デンボの神さんいしきり』より

一九〇一年（明治三四）五月六日付の『大阪朝日新聞』には、「宰相山下之人」の筆名で、「般

若新経《ママ》——生駒の画《え》ばなし」と題した記事が掲載されていて、辻子越えで宝山寺の「大般若会式」に参詣する大阪の老若男女のようすが綴られている。同記事は、「簇々《そうそう》たる二十萬戸の大都会、煙突の煙で真黒々とくすべ立てられて、息もろく／＼つけぬやうな大阪、此大阪にうぢ／＼暮らしてゐる八十八万人」と書いたうえ、「生駒のぼりの連中は誰も彼も、聖天さまに祈願こめてドツサリ儲けたいの一点張」と記している。筆者の「宰相山下之人」は、五月一日の朝、人力車で妻と連れ立って大阪を発った。玉造から一軒茶屋を経て「ならいせ道」（奈良伊勢街道）を東にとると、「老若男女」の「信仰連中」が、「街道筋に数珠つなぎとなツて跡から跡から押寄せる」有り様であった。「御厨《みくりや》、松原、水走《みずはい》と通り名になツた地名」を過ぎたあと、人力車を止めて休んだのは、「芝の石切神社」であった。「芝」とは従来の通り名であって、今は「大戸《おおえ》村といふべき」ところと書いたあと、石切神社の様子を次のように記している。

石切の鳥居前の茶店に休んでゐると、ソコへ集まツて来る人種が大別して三通りある。これ見よがしにブラ／＼辻うらを提げてゐる瓢箪山人種、腫物を直して貰ひに来る石切人種、もう一つはわが親愛なる同類の生駒人種と、此三人種に帰するのであツた。三人種が一ところに落合ふものだから、此茶店の繁昌といふものは目を廻す程である。茶店の繁昌に魂消た僕等は、石切神社の収入に二度喫驚《びっくり》して生駒の繁昌に三度喫驚する腹を十分括ツて置いた。石切神社は本名石切劔箭神社といふのだそうで、御祭神は饒速日命《にぎはやひのみこと》可美真手命《うましまでのみこと》の二柱としてあるが、其御神徳は一向武張ツた事柄では無くて重に腫物を治して下さるのである。其御祈禱

瓢簞山稲荷神社社務所前の茶店（大正期）、山畑阿智彦氏提供

料が一週間金一円五十銭と下等が七十銭、御膳料が十銭五銭の二等に分かれ、御供と御神水とは心持にてよろしとしてある。

右の文に続いて、「世の中に病人が多い、医者と病院が多い、その多い中に立ツて石切さまへ願がけの病人も箇程《かほど》に多い、多いしるしには石切神社の収入といふものは見て居る間に凡そ何程の金高であったやら」と記し、「算盤下手な僕等にはとても勘定が出来なんだ」と書いていた。石切劔箭神社の前には、当時はまだ茶店が一軒あっただけだが、霊験を求めて集まる人びとで、この茶店と神社が大いに賑わっていたのである。

再び人力車に乗って山道を登り、「鷲尾山興法寺」から「生駒の絶頂」を経て、「大聖歓喜天」を祭る宝山寺に入ると、境内は「大繁昌、大混雑」を呈していた。同記事は、「香炉堂には線香の煙、御鬮函《みくじばこ》をガチヤガチヤ音させる響、上には般若心経に張り上げる声、お蝋燭の光、楽人の曲、耳も聾ひ目もくるめきパラリパラリと頭上を掠めて宝前に雨あられと飛んでゆく賽銭の銀貨白銅銅貨のいろ／＼、番人が休息なしに両手で掬うて賽銭箱にザラ／＼と入れる響き」と述べたあと、「宝に縁の無い衆生を招き寄せる引力の強さ、投機師を筆頭に慾気満々たる人間共」と記している。この頃の宝山寺は、徒歩や人力車で参詣する大阪の投機的商人などの強烈な祈願を集めつつあった。

現世利益を求める人々の信心は、瓢箪山稲荷神社にも向けられていた。一九〇一年（明治三四）一月二八日付『大阪朝日新聞』には、「瓢箪山の辻うら」と題する記事が掲載されていて、同社の繁盛を次のように記していた。

関西鉄道の八尾行（若くは住道）の旅客の中には、降ツても照ツても、乃至は暑からうが寒からうが、列車毎に一人や二人の瓢箪山行の男女が交ツて居らぬことはあるまい。お稲荷さまのお占を聞くのに、汽車とは何事ぞという連中が、大阪者なら玉造の二軒茶屋から、真一文字に徒歩《かち》ツて行くのは、無論此外に数へられるのである。

続いて同記事は、「徒歩のもの、汽車から人力車のもの、汽車から徒歩のもの、此三種の旅客が落つく先は、言はずと知れた瓢箪山」と記し、「日返りの信者、宿がけの信者、一日平均百人以上の信者を有する外、大竹組外十五講社、御膳組講社が、京阪神堺地方に組織されてある程だから、瓢山神社の所得の夥だしい事は推定されるだろう」とも述べていた。

明治期の大阪の経済発展は、宝山寺や瓢箪山稲荷神社や石切劔箭神社と大阪都市民との結びつきを進行させ、大正期以降における生駒の民俗宗教の飛躍的繁栄を準備した。

都市民の欲望と不安

一九一四年（大正三）九月の『奈良新聞』は、「電車開通後の生駒」の記事を連載し、「参詣者で一山は非常な賑ひ」「電車の便を仮《か》って日参するものも尠くない」と報じ、「宝山寺は益々発展し多大の利益を蒙って居る」「近く東では天理教の中山管長、西では生駒山の駒岡大僧上と並び称せられ、吾が県下に新たに百萬長者二人を出すことであらう」と書いた。四年後の一九一八年三月五日付の同紙の記事は、「新開地である生駒の発展は驚くべきもの」と記し、一九一四年に「大軌電鉄開通するまでは宝山寺参詣旧道に二軒の宿屋と下に一軒の温泉場があっただけ」なのに、「現今では百五十戸となり」、「それが主として料理屋飲食店で、しかも七十人の奇麗首が連日連夜参詣人を目当てに縦横無尽に怪腕を揮ふてゐる」と述べ、「山麓は斯うした酒池肉林の巷と化してゐるが山頂の聖天宮さんも」、「参詣者が殖え」て、宝山寺は「金が降ってゐるやうな凄じい有様である」と報じている。続いて同紙は、生駒の「停車場付近の土地は、電車開通と共に大抵大阪人に買占められた」と書いた。現世利益を求めて押し寄せるのも、参詣者目当てに歓楽街を作り出すのも「大阪人」だというのであった。

一九三二年（昭和七）に、栗山一夫が『民俗学』第四巻一〇号に掲載した「大阪及び付近民間信仰調査報告㈠」には、一九三一年六月当時、生駒駅前から宝山寺門前に至る参詣道に、旅館料理席貸店が七五軒あると記し、芸妓周旋業が麓に一軒あるが、「不明住宅の住人達や商人の殆んどが芸妓周旋業を内密にやってゐる」と述べ、生駒は「全く歓楽と信仰の都市であり」「大阪市

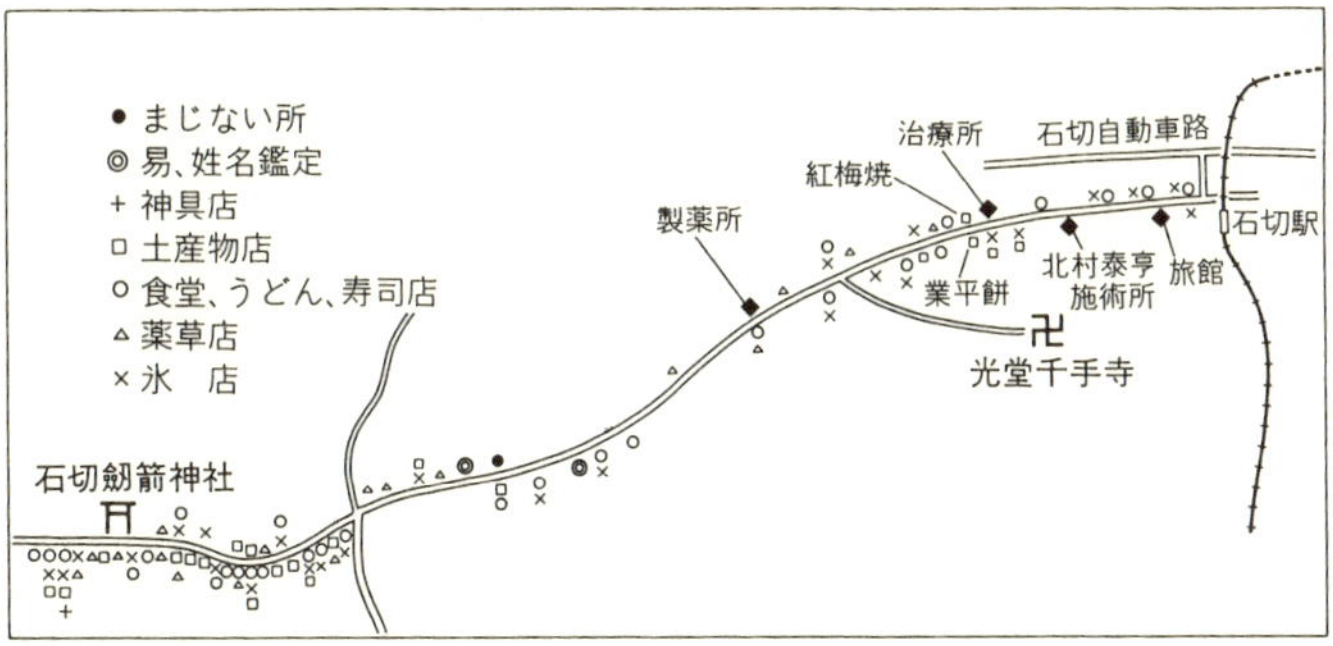

図４　1931年の石切劔箭神社参道

（注）『民俗学』第４巻11号（1932年）掲載の「石切劔箭神社参道略図」（栗山一夫「大阪及び付近民間信仰調査報告２」）による。

民の歓楽と迷信の対象である」と書いている。栗山の調査によると、宝山寺門前には、幾つもの易姓名鑑定所や断食道場が出来ていて、同寺周辺には新たに開かれた「滝行場《たきぎょうば》」（滝に打たれる修行の施設のこと）や、狐降ろしのため「大阪の者」が建てた「稲倉大明神」や、登山参詣者目当ての「開運稲荷」「生運大黒天」「朝日大師堂」といった俗信仰の小施設があちこちに建てられ、「滝行場」は都市の庶民で賑わっていた。これら宝山寺周辺の呪術信仰の小施設は、大正中期以降しだいに増えてきたものであった。欲望と不安を抱えた大都市の庶民を大量に吸引した宝山寺の繁栄が、呪術を商う小商店、すなわち弱小の呪術宗教を周囲部に群生させ始めたのである。

　これと同じ現象は、石切劔箭神社と同神社の上社の周囲部でも進行した。大軌電車開通後の参詣者の急増は、鳥居前町の形成を促し、昭和初期には、駅前からの参道に飲食店・土産物店とともに、易姓名鑑定所や漢方薬店が軒を並べるようになった。

栗山一夫の「大阪及び付近民間信仰調査報告(三)」(『民俗学』第四巻一一号、一九三二年)には、石切劔箭神社は「腫物の神として聞えてゐる」「この付近の魍魎《もうりょう》共の首領として尊崇されてゐる」と記し、参道両側の人家について自分で調査した「石切劔箭神社参道略図」を掲げ、次のように書いている(前頁図4参照)。

大軌線石切駅から神社前の両側にはまじない、易、姓名鑑定、土産物、うどん食堂、薬草店等が列んでゐる。生駒町に比すると独立したのが少く、多くは二、三兼業であるが、これは参詣者が少い結果当然の帰結であらう。うどん、すし食堂が多く氷店を兼ねてゐることは、夏期に於いては一般に見受くる所である。薬草店の多いことは、石切社への参詣者が腫物患者或はその関係者であるから、それをねらつたものであり、又生駒山が薬草を産することも一因であらう。薬草は、現在ではこうした迷信と結合しないと売れないことも事実である。製薬所治療所などといふ企業も興つてゐるのだから盛況察すべしである。北村泰亨施術所とあるのは、よく新聞雑誌に広告のある手掌とか精神治療とかいふものであらう。両側の人家一〇〇戸中六八戸は前述の如き商家であり、その他に旅館、料理席貸店等もあり、普通人家と見えるものは僅かに一〇戸に過ぎない。通じて以て、石切社への参詣者が生駒には及ばずともかなり多いものであることを知る可く、枚岡から額田、石切にかけて怪し気な旅館料理席貸店の存在は付近農村の人達を予想したものとは考へられぬから、経済都市大阪の暗い面の延長と見るべきである。

右の文に続いて栗山は、宝山寺の参道の場合と同様、石切神社の周辺でも「歓楽と迷信の結合」が見られると書いていた。

石切劔箭神社の繁盛は、同神社の上社への参詣者も増加させた。線路を生駒側に越えた辻子谷と引谷の入り口に位置する石切神社の上社には、一九七二年（昭和四七）に社殿が建てられるまでは、「石切上社」の石柱碑と、その前の石組み方形の大きな台だけがあった。昭和初期には、この石柱碑と石台の間をぐるぐる廻って祈願を込める大都市大阪の男女の姿が増えていた。前掲一九三二年（昭和七）の栗山の調査報告㈡は、石切上社の境内の様子について、「供物も毎日新しいものと取替へられ、ローソクの火、線香の煙が絶えず立ち上り、一言にしていへば妖気を感じる」と記し、「素足の女が妙に口籠つた呪文を誦して廻つてゐるのを見ると、その強い信仰ぶりに驚くと共に物凄く感じられる」と述べている。そして、同調査報告は、石切上社への参詣者は一日平均五〇人と推測したうえで、上社の周辺部に群生し始めた「滝行場」と結び付いた「白光大神」「熊繁大神」「猿田彦大神」「不動明王堂」等々の呪術信仰の小施設を

石切神社の上社（1931年）、
『民俗学』第４巻11号より

紹介していた。

それらの中には、形を整えて呪術宗教の小商店となり、装いを変えつつ今日に至っているものもあれば、消滅してしまったものもある。石切神社と上社の周辺は、その後民俗信仰の市場として発展し、今日も繁盛しているのである。

占い師・霊媒・祈禱師と信者

石切神社の参道には、現在も運勢鑑定・占いの店が多い。どこの店にも、若い女性や年配の夫婦、中年の女性などが入って真剣に相談する姿があり、大変繁盛している。それらの店には、運勢鑑定だけではなく、呪術祈禱を行うところもある。

石切神社と上社の周囲には、神道教会や寺院の看板を掲げ、開運や災難よけや病気治しなどの呪術祈禱を行う宗教法人が幾つも存在している。宝山寺周辺にも同様の教会や寺院がたくさんある。これらの教会や寺院の祈禱師には、滝に打たれる修行を通して霊的能力を感得したとしている人が多い。宝山寺の周囲や額田谷・辻子谷・引谷などにある生駒山中の「滝行場」は、祈禱師とその信者によって利用されているのである。

一九八〇年代前半における生駒の主要な「滝行場」の一つについての聞き取り調査では、祈禱師が二〇人いて、講組織に参加している信者は、大阪府内在住の五〇〇人ないし三〇〇人であった。祈禱師は女性の方が多く、よく滝に打たれて行をする。滝行《たきぎょう》をする信者は、女性に多い。

信者たちは、滝の水を「コウズイ」（神水）と呼び、何にでもよく効くと言ってありがたがっている。滝に打たれているときに唱える言葉は、般若心経、念仏、法華経等さまざまであり、よく憑き物を払うなどと言っている。滝での修行中に、両掌を合わせて指を組んだまま震い出す人がある。護摩を焚いたときには、踊り出す人もあるとのことであった。

前掲一九三二年（昭和七）の栗山一夫の調査報告によると、石切上社から引谷を登ったところに「神並の滝」があって、この滝に付設された「不動明王堂」は、滝の上手に建っていた神道神習教所属の誠道教会という祈禱所の管理下にあった。さらにその奥の「弁天の滝」には、「石切奥之院神武堂」があり、「神武堂敬神会萬人講」が組織されていて、ここでも滝行による治癒行為が盛んであった。「神武堂」に付設された「こもり堂」には、平癒後に奉納した絵馬がたくさん掛けられていて、絵馬の一つには、滝行で病母の平癒祈願を続けた女性が、その後「神使」となって幾人かの病者を治していると書かれていた。辻子谷には、「三光の滝」「松永の滝」「駒ケ滝」「石上の滝」「明王の滝」といった「滝行場」があり、「明王の滝」の近くには、「まごころ教壇」という呪術祈禱の小組織が存在した。額田谷には、「長尾雌の滝」「長尾雄の滝」「不動の滝」「権現の滝」などがあり、「長尾雄の滝」の前には「神道真心鎮宅教本部」という建物が立っていた。

「滝行場」には、「旅館と変わらない豪盛な」建物を持ったものもあれば、「簡単な建物」のものもあった。中には「渓から水を引いてトタンや板囲ひをしたまゝ」のものもあった。それらの

「滝行場」に出入りする祈禱師たちが自称する「宗派や信仰」は、修験道系・日蓮法華系・神道系等さまざまであった。「宗派や信仰」が異なっていても、祈禱師たちはどの「滝行場」にも出入りできる慣例になっていた。「南無妙法蓮華経の誦唱」が「滝行場」から聞こえて来る場合もあれば、「般若波羅密多心経」や「神道の呪文」が聞こえる場合もあった。

ところで、一九三三年（昭和八）の『旅と伝説』（第六巻五号）に掲載された栗山一夫の「生駒山脈に民間信仰を訪ねて」には、密集する「滝行場」をめぐる民俗信仰の世界の異様な事例が紹介されていた。栗山は、「向ふ三軒両隣を滅亡させて自分の家一戸だけ富裕になるといふ恐ろしい非人間的な修法、神様がのりうつるのだと称して病娘を犯す教師（布教師、祈禱師のこと）、それをそのまゝ信じて疑はない本人や家族、教師相互間の醜悪な対立、はり、やいと、神水、祈禱等々のインチキ医療、徳川期の巫女を思はす女教師等々、私の聞いた噂だけでも慄然たるものがある」と記している。「滝行場」の多くは「療養所」となっていて、「加持祈禱は勿論のこと、神水、御水、禁厭《きんえん》などによって病魔の退散から招福排禍の行法」が行われていた。栗山は、「滝行場」に集まる信者について、「下層の小市民が最多数」を占め、「次に中小商工者、特に小企業者、水商売の者」が多く「この層は寄付金等を多額に支出する為、講、組などのヘゲモニーを握ってゐる」と記し、「近頃インテリ層の人達が混在する様になってゐる」「最近殊に多く中にも女性が多い」と記したうえ、次のように述べていた。

神道などでは、教師の称号を売買したりするらしい。又大阪で商売をやってゐたが窮迫して来たので一切を売払つたその金で行場を新造した者や、念仏の乞食婆で村々を廻り歩いてゐたのが良いパトロンが出来て行場の主人になつてゐる者などがある。教師の殆どは大阪に教会や宣教布教所を持つてゐて、平素は其処《そこ》に居り、祭日或ひは朝夕の二回行場へ来るのや、行場が本拠で大阪へ出張するのもある。異常な児童が教師である例もあつたが、大体男性教師が七〇%以上を占め他は女性教師である。一家全部教師といふ例もあつた。

大都市大阪の大衆の動向を背景に、大正から昭和初期にかけて生駒山に「滝行場」が急増し、迷信・呪術・インチキが横行していたというのであった。

今日では、跡形もなくなった「滝行場」もあれば、滝の跡をとどめていても、使われなくなったものもある。開発によって水が涸れ、谷筋の上の方まで住宅化が進んだためである。だが、幾つかの主要な「滝行場」には、祈禱師や信者が集まり、更衣施設や休憩所がよく整備されたところもあって、滝と結び付いた民俗信仰が今も生駒の山に息づいている。

新宗教の地下水脈

八代龍王神感寺は、生駒の地で新しく生まれた小宗教の一つである。一九八三年（昭和五八）一一月二七日に民俗宗教調査の目的で、生駒山上暗峠《くらがりとうげ》の南方約一キロの大阪側にある同寺を訪ねた。創始者である「総主」（教主）は、高齢（一九〇一年生まれ）とのことで、子息である「若先生」から種々話を聞いた。

四天王寺の近くの貧しい家に生まれた教主は、マッチ工場・製綿工場・鉄工所など、大阪の町工場で働いたのち病気にかかり、闘病中に生駒山に入り、きびしい「滝行」を通して霊的能力を感得したという。

昭和初期から帰依者を導いた教主が、鎌倉時代の神感寺跡の現在地に、社《やしろ》を建てて教会所を開いたのは一九三五年（昭和一〇）であった。一九三九年には、二階建ての信者休息所が完成し、翌四〇年には仮神殿が建てられた。一九五一年（昭和二六）には本殿が竣工し、これを機に八代龍王神感寺と号した。「人間は働いて清浄となれ」という神示を受けた教主は、戦中・戦後の布教を通してしだいに信者を増やし、一九八三年当時の信者数は約一三〇〇人であった。これらの信者は、おもに大阪府と奈良県に居住していて、開業医・銀行員・警察官・郵便局員・運送業者・パチンコ店主・水商売の女性・不動産業者等々であった。毎月一回参拝する信者は三〇〇人で二、三回参拝する人は一〇人程度とのことであった。

八代龍王は、大神であり親神であるという。日常生活の中には、大神の「おしらせ」があり、人間は大神のご守護によって生きているというのである。訪問中にも参拝者があり、「若先生」は広々とした拝殿に信者を導いてその前に座り、正面の神殿に向かって般若心経を唱えた後、信者の相談に応じ、信仰の上から種々の諭しを行うのであった。境内には、信者の宿泊所や大きな食堂があって、夕食が近いから食事をしていってはどうかとの「若先生」の勧めがあったが、このような小宗教が教説の体系化をなし、時代状況に適合した信仰運動を展開したとき、より大きな教団へと発展するのであろうと感じつつ、そのまま辞去することにしたのであった。

近代日本において大教団となった天理教・金光教・大本教・ひとのみちなどは、いずれも呪術的な民俗信仰を核としつつ教義と組織を整え、大衆の社会的不満に対応した信仰運動を展開することによって拡大した。戦後の新宗教の多くも、民俗信仰と世相を結合させた信仰運動によって拡大してきた。今もなお、呪術的な民俗信仰は、新宗教の地下水脈として生き続けていて、今日的装いを凝らしたさまざまな宗教の誕生を助け、養分を供給しているのである。

なお、戦後、日本最大の在日韓国・朝鮮人の集住地大阪を背後に控えた生駒の山に、朝鮮シャーマニズムと日本の民俗信仰が結合したいわゆる「朝鮮寺」が多数出現している。これは、現代日本における宗教事象の一つとして注目される。

2　天理教・金光教・ひとのみち

教派神道の発展

教派神道とは、神社と宗教を区分する明治政府の政策によって作り出された国家公認の宗教神道のことである。一八八二年（明治一五）から政府は、神社は国民精神の体現であり、国家の祭祀を司るものとして一般宗教に特立する超宗教としての扱いをするようになった。これがいわゆる国家神道と呼ばれるものである。これとは別に、宗教団体として教義の宣布を公認された神道が教派神道であり、一八七六年に一派独立した黒住教と神道修成派に加えて、一八八二年中に大社教・扶桑教・実行教・大成教・神習教・御岳教などが独立し、次いで神道本局（正式の名は神道、のち神道大教）・禊《みそぎ》教・神理教が独立教派として認められた。さらに、一九〇〇年（明治三三）に金光教が、一九〇八年には天理教が独立して、合計一三の教派が成立した。これらの教派神道諸教のうち、日本の近代社会の形成、展開に対応して、巧みに民衆の心を把握し教勢の拡張に成功したのは、天理教と金光教の二教であった。

一九九三年（平成五）三月刊の『天理教教会名称録』（天理教教会本部）によると、東大阪市域に存在する同教の教会数は合計一四九である。このうち、戦前に設立された教会数は一一五であり、東大阪市域に存在する天理教教会の八割近くが、第二次世界大戦前に設立されたものである。現在東大阪市域に存在する多くの天理教教会は、まさしく近代日本における同教の飛躍的発展の中で生まれたものであった。

これを時期的にみると、明治期に設立された教会数は二二、大正期の設立が五六、戦前昭和期が三七である。大正期と戦前昭和期に設立された教会は九三を数え、これは一九九二年（平成四）現在で東大阪市域に存在する天理教教会数の六割を超え、戦前に設立された教会数一一五の八割を占めている。

金光教についてみると、東大阪市域には現在六つの教会が存在している。天理教と比べると、東大阪市域における金光教の教勢発展は小規模なものではあるが、東大阪市域に存在する六つの教会のうち三教会が大正及び戦前昭和期に設立されている。この時期における金光教の発展、特に大阪市における同教の教勢拡大との関連の中で、東大阪市域にも教会が設立されたのであった。

天理教と金光教は、幕末維新の動乱期に、民俗信仰の伝統を受け継ぎながら、近畿・山陽といった先進的農村社会を背景に誕生した新宗教であった。天理教は、大和国庄屋敷村（現・天理市）の没落地主の妻中山みきが、神がかりして現世利益を説き、安産と病気治しの呪術を行ったことから始まった。みきと信者たちが、維新前夜から明治初年にかけて作り上げた「御神楽」の歌と踊りには、幕末維新期の民衆の解放的興奮が反映されていた。「御神楽」（「陽気勤め」）を踊り、人間宿し込みの元の屋敷を慕い、欲のない一筋心で互いに助け合って親神への奉仕に励むなら、病も老いも死もない「陽気づくめ」の至福の世界が現れると信じられた。

金光教は、備中大谷村（現・岡山県金光町）の農民赤沢文治が、家運の傾きに直面して神がかりし、呪術によるご利益を説いたことから始まった。天理教とほぼ同時期に形成された文治の教義は、陰陽道の迷信でたたりの神として人々に恐れられていた金神を、実は天地の祖神であって、信ずる者に絶大なご利益を与える慈愛の神であるとするものであった。文治は天の下の者はすべて神の氏子であって天の下に他人はないと言い、親神による氏子の救いを説いた。中山みきや赤沢文治、そして彼らの信者たちの信仰には、楽天的で解放的な当時の庶民の現世的幸福への願望が強烈に反映されていた。

天理教は、まず大和と河内に広がり、次いで大阪市街地に伝播して、明治一〇年代には、これらの地域に講組織による信者の小集団が形成された。金光教は、明治初年に防長地方に伝わり、明治一〇年代初めには大阪で信者が増え始めた。信者組織が形成され始めた当初、両教はまだ布教活動を公認されていなかったため警察の取り締まりの対象となり、熱心な信者が出頭を命じられ、拘留されるといった苦難に会った。草創期における両教の布教活動は、相当神秘的であり、呪術性も強かったので、警察の取り締まりの目が特に厳しく注がれていた。

やがて両教は、教説の整理や文章化を図るとともに、合法的布教の道を求めて努力した。天理教は、一八八五年（明治一八）に中山みきの孫中山新治郎ら幹部一〇人が、大和の三輪（現・桜井市）の大神教会を通して教派神道の一派の神道本局に願い出て教導職の資格を得た。そして同教は、みきが死去した翌年の一八八八年（明治二一）に、神道本局所属の神道天理教会を設置し、布教の合法化に成功した。金光教は、一八八五年に神道備中事務分局所属の金光教会を設立して布教の合法化を図り、一八八七年に神道本局の直轄教会に昇格した。天理・金光両教は、教派神道の教会となって組織の基礎固めをし、一八九〇年代の日本の資本主義形成期に全国的に展開し、大規模な組織的拡大を果たした。

東大阪市域では、一八九三年（明治二六）池島村に、翌九四年布施村に、九六年楠根村に、九七年意岐部村に、一九〇一年枚岡南村にそれぞれ天理教の教会が設立された。河内地方への天理教の伝播は大変早く、明治一〇年代には講組織による信者の小集団が幾つも組織されていて、その中の熱心な信者を中心に明治二〇年代に天理教の教会が設立されていった。この当時の教会は、布教事務取扱所・出張所・支教会などと称していた。明治前期における東大阪市域への天理教の伝播状況については、「天理教の伝播と河北支教会」の小見出しで、『東大阪市史』近代Ⅰに記述されている。

一八九〇年代に全国的な教勢拡大を果たした天理教は、拡張した勢力を背景にして、九〇年代末から教派神道の独立教団となるための政府への請願を始めた。同教は、宇田川文海、井上頼圀、中西牛郎などの著名人を招いて教義と組織の整備を進め、一九〇八年（明治四一）一一月に内務大臣平田東助から、国民教化を担う教派神道の一派として独立することを認められた。

天理教の飛躍的拡大

教派神道の独立教団となった天理教は、大正期における日本資本主義の急激な発展と民衆の動向にみごとに対応して、都市部を中心とする爆発的な教勢の拡張に成功した。天理教の教会数は、一九一六年（大正五）に三〇九五であったが、一九二六年（大正一五）には二・七倍の八一八九に増えた。教会増加の背景には、信徒数の急激な増加がうかがえ、そこには同教が、この時期の民衆の救済要求にいかに的確に応え、いかに巧みにその心を把握し組織していったかが示されていた。この一〇年間のうちで、教会数がもっとも急激な伸びを示したのは、一九二三年から二六年までの三年間であった。この三年間における教会増加数は、三一〇八であった。これを府県別にみると、東京、兵庫、北海道、大阪、埼玉、福岡などで、著しく教会が増えていた。これに対して、山形、石川、島根、徳島、沖縄の各県では、教会の増加がきわめて少ないものでしかなかった。全般的にみて、大都市をかかえる府県で特に教会が増加し、東北、北陸、山陰、四国、九州南部の諸地域では、あまり教会が増加しなかったといえるのである。

一九一六年一月、中山みきの没三〇年の祭典が執行された。天理教の機関誌『道乃友』一九一六年二月号は、この時の参拝男女の服装から、「天理教の教化が田舎より都会へ侵入しつゝある」との感想を記していた。そして同誌の一九二二年(大正一一)四月号は、一九〇九年(明治四二)から一九二二年の間に天理教校別科(半年間の布教師養成機関)を卒業した七四三九人の出身地別統計表を掲載し、「僻地よりも都会の地に於て異常の発展」をなしつつあると述べた。つまり、天理教は一八九〇年代における日本資本主義の形成期に大和、河内の先進農村地帯から全国的展開をみせ、日露戦争をへて大正期とりわけその後半期に資本主義の激烈な発展をみることによって、都市部を中心とした驚異的拡大を遂げたのである。明治初期における大阪市街地での講組織の形成は、おもに周辺農村からの流入者をとらえたものであって、その後における急激な都市人口の膨張とともに、大阪での天理教は著しい拡大を示した。同教は、資本主義の発達にともなう社会変動、特に急激な都市化現象と密接な相関関係をもって展開したのである。

一九九二年(平成四)現在、東大阪市域に存在する天理教の教会数は一四九であり、うち一一五の教会が戦前に設立されたものであることはすでに述べた。この一一五の教会のうち、一九三七年(昭和一二)以前に設立された教会は一一三であった。この一一三の教会のうち、東大阪市域で設立された教会は二九、他地域で設立され、後に東大阪市域に移転して来た教会が八四である。一九三七年以前に東大阪市域で設立された教会のうち、明治期の設立は五、大正期の設立が一五、昭和期が九となっていて、大正期に設立された教会が半数を占めていた。

一九三七年以前に東大阪市域外で設立された八四の教会についてみると、明治期の設立が一七、大正期が四一、昭和期が二六となっていて、やはり大正期に設立された教会がほぼ半数を占めていた。さらに、この八四の教会について、移転前の住所をみると、大阪市が圧倒的に多く、六五の教会が同市から移転していた。他に、大阪市を除く大阪府内からの移転教会が一、東京都四、兵庫県四、その他が一〇であった。これらのことから、今日の東大阪市域に存在する天理教教会の多くが、大正期における都市部を中心とした同教の飛躍的拡大の中で生まれたものであったことがわかるのである。なお、大阪市から移転して来た一九三七年以前設立の六五の教会の移転時期は、大正期が三教会、一九二七年（昭和二）から一九三七年が一一教会、一九三八年から一九四五年が四教会、一九四六年から一九五四年が一二教会、一九五五年から一九六四年が一六教会、一九六五年から一九七四年が一四教会、一九七五年以後が五教会である。

天理教大阪教務支庁（1923年）、『中河史蹟写真帖』より

これらの教会の多くは、戦前戦後における大阪市の過密化にともなって、東大阪市域に移転したものと考えてよい。

一九三三年（昭和八）に、大阪市東淀川区（現・北区）から東大阪市域の玉川村大字岩田四七八番地に移転した西成分教会（一九四一年大教会に昇格）は、一八九二年（明治二五）に西成郡中津村（現・大阪市北区）に設立された教会であった。設立当初は西成出張所と称していたが、明治二〇年代に大阪市内とその周囲部で信者を増やし、一八九五年に支教会に昇格し、一九一九年（大正八）に分教会に昇格した。西成分教会の信者は大正期に大いに増加し、一九二一年（大正一〇）から一九二八年（昭和三）の間に四八の部下教会が設立された。この部下教会のほとんどは、大阪と兵庫に設けられた。

一九三三年の玉川村への西成分教会の移転は、大阪市の都市計画による道路拡張のために教会の敷地が切り取られることになったのが主な理由であった。玉川村大字岩田四七八番地には、天理教大阪教務支庁があったが、一九三三年三月に、大阪教務支庁が天王寺区小宮町に移転したので、そのあとに西成分教会が移って来たのである。西成分教会は一九三三年五月に玉川村に移転したものの、すぐ近くに同教の意岐部宣教所があったため、大阪府からなかなか移転許可を貰えなかった。結局、翌一九三四年に意岐部宣教所を約五〇〇メートル東方の玉川村大字岩田字善五良地六六番ノ一に移転して大阪府の許可を得たのであった（『天理教直属教会略史』一九五六年刊）。

一九四二年（昭和一七）に、大阪市浪速区東神田町から、枚岡町大字豊浦に移転した東神田分教会（一九四八年大教会に昇格）は、一九〇七年（明治四〇）に南区難波東神田町に設立された後、一九〇九年に支教会に昇格し、一九二三年（大正一二）には分教会に昇格した。同教会は、大正期と昭和初年に、大阪と福岡で大いに信者を増加させた。大正期に設立された同教会の部下教会は二四、一九二七年（昭和二）から一〇年の間に設立された部下教会は八であった。現在東大阪市域に存在する西成大教会と東神田大教会という二つの大きな天理教教会についてみても、教会発展の中心が大正期にあり、しかも都市部において教勢が伸長したことがわかるのである（一九八一年の東神田大教会神殿落成奉告祭のパンフレットによる）。

では一体大正期において、天理教はどのように大衆の動向に対応し、教勢の拡張に成功したのであろうか。昭和初期の同教の動きも合わせて、次に叙述しておくこととする。

大衆の動向と天理教

一九一三年（大正二）一月、天理教は伊勢神宮皇学館の教授であった広池千九郎を教育顧問として招聘した。広池は、天理教の慈悲心にもとづく犠牲的精神を最高価値とする教理展開を図り、人間の犠牲的精神が神の意思と合致するところまで高められたとき、階級対立のない幸福な世界がおとずれると主張した。同教は、大正期初頭から、讃岐紡績、富士瓦斯紡績、三重紡績などの女工を信徒から募集したり、工場布教をさかんに行ったりして、雇主に喜ばれる従順でよく働く女工の育成に努力を傾けた。他方同教は、一九一四年に始まった第一次世界大戦に敏感に反応し、この大戦を西洋文明(=物質文明)が崩壊して、東洋の精神文明が台頭するという大転換をなす出来事としてとらえた。物質文明が引き起こした「欲」と「欲」の対立を一掃し、天理教の相互扶助と犠牲の精神による新社会建設の時機が到来したとみなしたのである(『道乃友』一九一八年一月号、六月号)。こうした世界情勢および社会情勢に対する理解の仕方は、一九一八年の米騒動を機として、いっそう強固になっていった。同教は、米騒動を「あらゆる社会現象の欠陥」があらわれたものととらえ、「拝金主義」「成金熱」を激しく非難するとともに、「貧民救済」「労働者救済」を訴え、「我利貪欲飽くこと」を知らない「富者の救済」を説き、天理教の「たがひたてあひたすけあひ」の精神によって「社会を根本的にたてかへ」ねばならないと主張したのであった(『道乃友』一九一八年九月号)。

翌一九一九年三月には、朝鮮において大規模な独立運動が起こり、同年四月からパリ講和会議が開かれ、五月には中国で反日五・四運動が起こった。この年天理教は、「日本対世界の戦争」を教祖の予言として掲げ、国家的危機を訴えて、「非国家主義の打破」「殖民地布教の後援」「信仰の徹底的教養」を強く唱えた(『道乃友』一九一九年六月号)。とくに朝鮮布教においては、在住日本人を主としてきたこれまでの布教の在り方を転換して、教化による同化策を目的とする朝鮮人への布教に力を入れた。『道乃友』一九一九年七月号には、国際間における「国対国の関係」の成立と国際連盟への不信、アングロサクソンの人種差別にたいする憎悪が述べられ、米国は金持ちであるから驕傲《きょうごう》であり「埃の国」だといい、中国をめぐる日米の対立に言及して、日米戦争の予感が語られていた。この「日本対世界の戦争」論のなかには、日本民族を神聖視し、国粋的全体主義の方向に民衆を導く要素が存在していた。それは、遅れて帝国主義列強に仲間入りし、近隣アジア諸民族への植民地支配を拡張しつつあった大日本帝国のアジアの盟主観に依拠した、大衆の本能的愛国心、排外主義のあらわれでもあった。そして、その大衆は資本主義下で生活難にみまわれており、社会には資本主義への批判と不満がうず巻いていた。この不満が反物質主義、反西欧文明のかたちをとって表現されたのであった。

大正後期における労働運動の高揚のなかにあって、天理教は資本家階級を批判しつつも、「神の為に働くことを阻却するの結果は、かの恐るべき同盟罷業となり、怠業となって現れる」として、階級闘争を厳しく否定した（『道乃友』一九二〇年一月号、一九二二年二月号、三月号）。同教では、神・人格を民衆に示すことで、労働問題は解決され、階級対立は解消されると考えられたのである。この一種ロマンチックで観念的な考え方の延長上に、同教は土俗信仰に裏付けられた至福の世界、すなわち「陽気暮らし」の「理想郷」を描いていた。同教は、一九二〇年代における不況、関東大震災、労働争議や小作争議の頻発する社会状況を至福の世界実現のための旬刻限《しゅんこくげん》（神の意思による時機）の到来としてとらえ、「世直り」と心の「立て替え」をさかんに訴えたのであった（『道乃友』一九二三年二月五日号、一九二二年五月号、一九二四年三月二〇日号、五月二〇日号、一〇月二〇日号）。

天理教発祥の地は、人間宿し込みの地であり、神の子どもである人間が遠くから帰りつどい、親神を中心に陽気な共同生活を営む「親里」とされていた。「地場」(天理教発祥地)を「一大神都化」することは、天理教徒にとって第一の目標であった(『道乃友』一九一七年一月号、一九二五年四月五日号)。全国に散らばる多くの「教会も亦一の小さな地場」と考えられ、共に働き共に食べ、平和で陽気な生活に同胞を引き入れるとともに、その生活を全世界に広める拠点とされた(『道乃友』一九二〇年八月号)。それは、資本主義の矛盾が露呈するなかで闘争を激化させつつある民衆に対し、心の安らぎを与えるものとして、人間味あふれる装いをした理想世界として、立ち現れていたのである。一九一〇年代から二〇年代に、天理教では「欲の心」を否定する一方、「たがひたてあひたすけあひ」が強調され、和気藹藹《あいあい》とした共同生活体が求められた。この時期、わが国資本主義は急激な発展を遂げ、労働問題を深刻化させるとともに都市化の波を招来させ、旧来の共同体的結合を弛緩させた。このような社会にあって疎外され失望した人々は、天理教の信心の世界に彼らの生活の変革(人々の和合、病気の治癒など)をみようとしたのであった。彼らの多くは、娘を女工として働かさねばならないような、決して生活の楽でない農家の出身であった。都市へ流れ込んだ彼らは、商店の奉公人、工員、日雇い、雑役夫など、種々雑多な職業についた。大正期の天理教が主としてとらえたのは、これらの貧しい人々から小商店主などに及ぶ広範な層を構成していた都市民であった。天理教が信徒として組織していったのは、貧しく虐げられた当時の民衆そのものであった。急速な資本主義発展の矛盾にさらされた民衆が、人間味あふれる装いをした天理教の土俗信仰の世界に救いを求めて入信したのである。この信心の世界には、資本主義への不満を増大させた民衆の反物質主義、反西欧文明、排外主義の意識が満ちていた。大日本帝国の国民教化を担った天理教の信心の集いには、この民衆の意識と結び付いた天皇中心の愛国主義的雰囲気が充満していた。天理教は、土俗信仰の世界を通して現世的幸福を説いた自らの教義と、天皇中心の国家主義とを結合させた信心の世界を示すことによって、多くの民衆を信者として組織していったのである。脆弱《ぜいじゃく》な日本の資本主義が体制的危機を迎えた昭和初期、天理教は、「日本人更生」「人類更生」のスローガンを掲げて「教祖五十年祭」「立教百年祭」にむけての信仰運動を展開した。日本の対外侵略と経済危機に対応したこの信仰運動は、教義の強烈な国粋主義的意味付けによって推進されていた。天皇崇拝、反資本主義、反社会主義の排外主義的意識を高揚させたこの信仰運動は、土俗世界の信仰に根差した国家主義的精神運動ともいうべき性格をもっていた。同教は、日本人の心の「更生」「浄化」を叫ぶとともに、近隣アジア諸民族の「霊的救済」をめざす「海外布教」を活発化させた。人間宿し込みの親神の意思を伝える「人類教化」と「世界救済」に邁進して、「大日本帝国の建国の理想」としての「世界平和」を確立するというのであった（『みちのとも』一九二八年五月二〇日号）。

ところで、現在東大阪市域に存在する天理教の教会のなかに、中国と朝鮮で設立された教会がある。清生分教会・咸興分教会・漢口分教会・三大分教会・新東陽分教会・牡丹江分教会の六教会である。清生分教会は、一九一七年（大正六）に朝鮮咸鏡北道羅南に設立されており、咸興分教会は一九二二年に朝鮮咸鏡北道で、三大分教会は一九二七年（昭和二）に朝鮮平安北道で設立された。これらの教会は、設立時には羅南宣教所・咸興宣教所・西鮮宣教所と称していた。漢口宣教所は、一九二六年（大正一五）に中国漢口の日本租界に設立され、牡丹江宣教所は一九三七年（昭和一二）に満州（中国東北）の濱江省牡丹江に設立された。朝鮮と中国で設立されたこれらの教会は、大日本帝国の近隣諸民族に対する植民地支配の拡張過程において設立されたものであったが、敗戦後日本に引き揚げ、東大阪市域に移転して今日に至っているものである。

なお、現在東大阪市内に存在する天理教教会に関する資料のうち、設立場所、移転時期、移転前の住所などは、東大阪市史編纂室が長年にわたり収集したものによる。

金光教教会の増加

一八九〇年代に全国各地に教会を設置し、一九〇〇年（明治三三）に教派神道の独立教団となった金光教は、大正になって再び拡張期を迎えた。金光教の教会数は、一九一六年（大正五）に五〇七であったが、一九二六年には一・七倍の八四五に増加した。金光教の教会数は、天理教とは比較にならないほど低い数値ではあったが、大正期における着実な教会数の増加は、金光教もまたこの時期の民衆の心を把握し組織する力を持っていたことを示していた。

一九一九年から一九二六年までの七年間の金光教会の増加状況をみると、増加数の高い府県は福岡、兵庫、大分、広島、愛媛、京都の順となっており、西日本における都市部を中心としての拡大がみられた。金光教の教勢は、全国的に拡大していた天理教と異なり、西日本を中心として

表8　東大阪市域の金光教教会の信奉者（「教徒」・「信徒」・「求信者」）の数

（単位：人）

教会名	布施教会		小阪教会		枚岡教会	
	1938年	1939年	1938年	1939年	1938年	1939年
教徒数	193	200	116	122	124	152
信徒数	844	844	124	88	563	550
求信者数	70	65	80	65	35	22
計	1107	1109	320	275	722	724

（注）金光教本部提供の資料による。なお、「教徒」とは、冠婚葬祭を金光教に託すことになった信者のことである。「教徒」数には、「教師」数が含まれている。

これにかたよる傾向を示していたが、両教を総合的にみてみると、工業化が進み人口流入の激しかった地域ほど教勢拡張が図られ、そうでない地域ほど拡大のむずかしかったことがわかる。

東大阪市域には、一九二一年（大正一〇）一〇月に金光教布施教会が設立され、一九二八年（昭和三）三月に小阪教会が、一九三七年三月に枚岡教会が設けられた。一九二〇年代に布施および小阪の地域は、著しい人口の増加を示して急速に都市化した。この都市化のなかで、金光教教会が東大阪市域に進出したのであった。なお、枚岡村は一九三九年に、人口増加を背景に町制を実施している。

表8は、一九三八年（昭和一三）と一九三九年における金光教布施教会・小阪教会・枚岡教会の信奉者（「教徒」「信徒」「求信者」）数を示したものである。昭和一〇年代初めには、東大阪市域に相当数の信者が存在していたことがわかる。

天理教の場合も金光教の場合も、信者の多くは、直接的には病気や家庭の内紛など、生活上のさまざまな苦悩からの救いを求めて入信した。それらの苦悩は、彼らが社会生活を営んでいる限りにおいて、その時代の社会状況や人々の意識と深く結び付いて顕在化していた。だから、多くの信者を組織するためには、呪術祈禱だけではなく、その時代の世相と結び付いた教理を説き、救済を求めている人々の心に合致した信仰の世界を示すことが大切であった。

金光教は、大正期の社会変化に敏感に対応し、物価騰貴、労資の対立、貧困、農村の荒廃などに強い関心を示した。同教青年会機関誌『新生』一九一八年（大正七）一〇月号は、米騒動に際し「あひよかけよの大精神」、すなわち氏子どうしの相互扶助を強調し、「皆神の氏子なりとの思想」を説いていた。また、同教機関紙『金光教徒』の一九二一年八月一〇日付は、神戸の三菱・川崎両造船所の労働争議を評して、「労資双方に社会全体の幸福を欣求《ごんぐ》する念慮深く、且つ相互の間に充分なる愛と理想とだに存したならば、各人は恒に和気靄々《あいあい》として産業にいそしみ争議などてふ忌まはしき出来事は絶えて見ることなしに済んだであらう」と書いていた。

では「あひよかけよ」の働いている社会とは、いかなるものなのか。それは「夫婦の和合や親子の和親」を中心とした「家庭と云ふ小楽園」を広めた社会、すなわち、神の徳にもとづく「温かい春の様な情味が沸いて来る」天国にほかならなかったのである（『金光教徒』一九二〇年一一月一〇日付）。もともと、金光教の信仰目的は「天地は我住家」、「皆神の御家族」、「誰でも来れば饗んで与り、何処でも饗ばれることができる」という信心にあったから、社会問題の激化するなかにあって、その面目を新たにしようとしていたといえよう（『金光教徒』一九一七年一二月一日付）。

一九二三年（大正一二）には、各教区ごとに「実習会」なるものが開催された。金光教本部では、八月七日から一一日までの五日間にわたって、「霊地実修会」が開かれ、「現代世相の欠陥と本教の信仰」とか「猶太人と過激思想」といった内容をもつ講演が行われた。そして、家庭は信仰上信心の活力の発育所で、国家はその発揮所であると力説された。『金光教青年会雑誌』一九二四年二月号は、「此先どういふ風にやって行けば宜敷いか」と不安を訴え、同年六月号には「生活の緊張」と題する一文を掲載し、社会的・経済的危機に伴う国民生活の一大転機を強調した。翌一九二五年一月には「信仰運動」なるものが提唱され、「いのり」の力にみちた信心の世界が求められた。金光教においても、資本主義の急激な発展とその矛盾がもたらした生活不安と孤独感からの救済が求められ、「氏子」の集まる家族のような生活体の形成が強調されたのであった。人々はこのような信心の集いに参加することによって、心の安定をえようとしたのである。そしてこの信心の世界は、天理教と同様、民衆レベルの天皇中心の国家主義と呼びうる主張で満たされていた。人々は、資本主義からの解放を求めながら、結局、国家主義的色彩濃厚な信心の集いに抱え込まれていったのである。

ひとのみちの信仰運動

昭和初年に大発展を遂げた新宗教のひとのみちが、布施町永和に本部を置いたのは、一九二八年（昭和三）三月であった。『大阪時事新報』の一九二八年四月五日付は、「大軌沿線に大社殿、人道徳光教の本部、近く落成式」の見出しで、「二千坪の区域を擁した木の香真新しき社殿が造営された」と報じ、これは「人道徳光教の本部で、同教は教育勅語の精神を教義とし、現下の思想界及び治病問題に一新生面を開かうとするもので、大正十四年四月住吉区天王寺町に開宗」、「現在全国各地に六万の信徒を有し」「落成式は来る二十一、二の両日に亘って盛大に挙行の筈で、同日は各地から多数の団参があり大賑ひを呈するだらう」と記していた。同教が教義と組織の基礎を固めて本格的な布教を開始したのは、一九二五年（大正一四）四月であった。

教祖御木徳一《みきとくはる》は、明治末に妻子を連れて愛媛県から大阪に移り住み、惨憺《さんたん》たる生活の後、長男徳近《とくちか》と共に神道徳光教会の教師となった。神道徳光教会は、商人出身の呪術祈禱師だった金田徳光を教祖として、一九一一年（明治四四）に大阪府東成郡天王寺村常盤通（現・大阪市阿倍野区）に教会を設けた新宗教であった。

ひとのみちは、この神道徳光教会から受け継いだ教義の上に、御木徳一の宗教体験から得た教義を加えて、金田徳光死後の正統派を自認する分派教団を結成した。徳一と徳近らは、一九二五年四月二四日に大阪市住吉区天王寺町二〇五六番地（現・阿倍野区）に御嶽教徳光大教会を設置して積極的な信仰運動を展開し、一九二八年初めまでに大阪・岡山・福岡などに八つの支部を設けた。相当数の信者を組織した同教は、この年三月、御嶽教から扶桑教に所属を変え、扶桑教一等直轄人道徳光教会と称し、布施町に本部を移したのである。

その後同教は、急速な発展を続け、一九三一年に扶桑教ひとのみち教団本部と改称するまでの三年間に、東京支部・静岡支部・浜松支部・広島支部・久留米支部・熊本支部・天六支部・泉尾支部・上町支部・阿倍野支部など十数か所の支部を増設して、全国における支部数は三十数か所となった。支部の中には、下に支所や出張所を設けているところもあった。そしてこのころから、同教は信者の激増期に入り、一九三六年九月までに全国各府県と朝鮮及び中国に、九九支部を設けるに至った（『ひとのみち教団事件の研究』社会問題資料叢書一―九）。この間の一九三四年には、同教本部に鉄筋コンクリート造りの巨大な本殿が建設された。一九三四年一〇月の同教機関誌『ひとのみち』第一一二号には、「本殿の大観」として次のように記されている。

白堊紅欄、清楚にして高雅壮麗なる本殿。高さ八十八尺、総延坪二千三百坪に余る。大広間は柱無し千八畳、その周囲を加ふれば一万人を容るるに足る。まさしく日本建築中の最高峰だ。いま、この新本殿の前に足を停《とど》むれば、大屋根は豊なる曲線を見せて碧空《へきくう》を劃《くぎ》り、白堊の壁は秋陽に映えて、吾等に起てよ、進めよと呼びかけているのだ。正面大玄関の階段をのぼると大広間である。真正面に遠く――という感じだ。神殿。神殿の板間が百畳。旧本殿の広間と同じである。大広間の周囲は二間の内廊下がめぐらされ、更にその外側を廻廊が紅欄に縁どられてめぐっている。この大広間に電飾眩ゆく耀く下の大祭典、その日が想はれるではないか。階上には更に貴賓室、応接間五室、神殿横及後には十数のお導室等がある。地階には教長室、五百畳の大食堂をはぢめ、日本間食堂、純洋式食堂、会計室・事務室・会議室・図書室・信徒控室・予備室その他が白堊に塗られて並び、大小の廊下は縦に横に続いている。

ひとのみち教団本殿、『ひとのみち』1934年12月号より

右の文に続いて、変電所・電灯装置・電話・拡声器・水道設備・貯水層・ボイラー室・炊事室・精米所など本殿内外の諸施設を紹介したあと、「柱無しの千畳の大広間、広間の大シャンデリア、この二つは、まさに日本一と言ひ得るであらう」「大屋根も銅葺として恐らく他に余り例を見ざるべく、食堂も日本一の称ある阪急食堂より広いのだから恐らく食堂としてはこれも日本一と言ひ得るだらう」と述べていた。同教では、これを仮本殿と称した。一九三七年刊の『布施町誌』続編には、教団本部が置かれた大字永和について、「北の地域はひとのみち教団を中心として旺盛なる発展を示し同教団仮本殿、同寄宿寮、小学校、幹部の住宅が立並び、同教団の参詣者は日々数百名を数へ、この為に大軌線には昭和十一年にひとのみち駅を新設して毎早朝のみ参詣者の為に開設してゐる」と記している。仮本殿が建てられたころの同教の信者数は、警察調べで三〇万人であった。一九三七年には、公称信者数が百万人、警察調べで八〇万人であった。

大正末からわずか一〇年余りの間の、ひとのみち教団のこのような驚異的膨張の背後には、不況下における都市大衆の社会的不安と不満が存在していた。同教は、呪術祈禱と結び付けた天皇中心の国家主義的教義を掲げて強烈な信仰運動を展開し、深刻な不況、軍部や右翼によるテロの続発、対外侵略戦争の遂行といった時代状況の中にあって、さまざまな日常的苦悩を抱えた人々の、特に都市大衆の国家主義的変革意識をみごとに吸収し、膨大な数の信者を組織した。教祖御木徳一は、呪的威力の保持者としてこの信仰運動の中核に位置していた。教団の中で超越した立場にあった徳一は、側近幹部、布教師、信者から絶対者として崇められた。徳一も教団幹部も布教師たちも、自分達こそ「敬神」と「尊皇」の誠の精神の持ち主であり、一点の曇りもない真心をもって日夜これを実践していると信じていた。だが、信者でも同調者でもない人々とマスコミ、そして権力は、しばしば社会秩序と摩擦を生じさせる徳一らの信仰運動をうさん臭く見ていた。特に権力は、貧しい庶民の一人でしかなかった徳一が、呪的絶対者となって「敬神尊皇」を説くこと自体を不敬行為と見なし、教団発展のために天皇と神宮を利用するものと解釈した。ひとのみちは、天理教のような国家公認の独立教団ではなかった。宗教類似の行為を行う組織として、常に不信の目をもって監視されていた。一九三七年四月五日、教祖徳一は不敬罪で起訴され、徳近ほか幹部十数人が不敬罪で検挙された。ひとのみちは、彼らが夢にも思わなかった天皇と神宮に対する不敬の罪に問われたのである。同年四月一二日、ひとのみち教団は、神仏道教会所規則第一二条第二項によって教会許可取り消し処分に処せられ、治安警察法第八条第二項によって結社禁止処分を受けた。つまり同教は、公安を害し風紀を紊乱《びんらん》する虞《おそ》れがあり、安寧秩序を保持するために結社の存在が許されないとの理由で、解散を命じられた。同教の新宗教的大衆思想運動の内容と、不敬罪による起訴に関する貴重な資料は、池田昭編『ひとのみち教団不敬事件関係資料集成』(三一書房刊、一九七七年)に収録されていて、同書の解説では詳細な分析が行われている。

第三章　昭和恐慌下の松原村・天美村の行財政

1　不況の深化

大阪府中河内郡南西部の松原町・天美《あまみ》町・布忍《ぬのせ》村・三宅村・恵我《えが》村の五か町村が合併して松原市が誕生したのは、一九五五年（昭和三〇）二月であった。松原村が松原町となったのは一九四二年（昭和一七）七月、天美村は一九四七年（昭和二二）一月に天美町となった。

昭和初期の松原市域の村々は、大都市大阪に近接した地域にありながらも、現在のように交通が輻輳し、住宅が密集した状況からは想像もできないほど、のどかな田園風景の中にあった。一九二〇年（大正九）の国勢調査によると、松原市域五か村の人口は、一万三九一七人であった。一九三〇年（昭和五）の国勢調査では、一万七二九一人だったから、五か村全体の人口は、この一〇年間に一・二倍に増えた程度にとどまっていた。なかでも三宅村と恵我村は、人口が少ないうえにこの一〇年間の人口増加が、恵我村では二七一人、三宅村では二一八人にすぎず、変わらない農村の姿がそこにはあった。ただ、松原村と天美村は、多少事情が違っていた。一九二〇年の松原村の人口は四一七〇人、天美村の人口は三〇一一人だったが、一九三〇年には松原村五一九六人、天美村三九九七人となっていて、松原・天美両村ともに、この一〇年間に一〇〇〇人程度の人口増加を示していた。そして一九四〇年（昭和一五）までの二〇年間に、松原村の人口は一九二〇年（大正九）の一・八倍七六〇九人に、天美村では二・一倍六三二九人に増加した。

一九二三年（大正一二）には、大阪阿部野橋と道明寺の間に大阪鉄道（一九四三年に関西急行鉄道に合併。現・近鉄南大阪線）の電車運転が開始された。河内天美駅から阿部野橋まで一三分、河内松原駅からは二〇分であった。昭和初年には、大阪鉄道経営による乗合自動車が、河内松原駅と平野町、黒山村（現・美原町）を結ぶようになり、松原村の交通の便はしだいに良くなっていった。松原村と天美村の人口増加は、こうした交通の発達と関係していた。とはいえ、戦前昭和期の両村は、概してゆるやかな歩みを続けていたのであり、大和川左岸の、みはるかす田園の中ののどかな村の一つであった。これらの村にも、昭和恐慌の波が押し寄せ、やがて軍靴の響きが高まるようになった。本章では、大阪市近郊の松原・天美両村に、昭和恐慌の波がどのようなかたちで押し寄せていたかを叙述してみたい。

大正から昭和にかけて、慢性的不況に苦しんでいた日本経済は、一九三〇年（昭和五）の世界大恐慌の来襲によって最悪の事態に追い込まれた。特にそのしわ寄せは、農業にもっとも強くあらわれて、一九三〇年以降の農村は農業危機とか農業恐慌とよばれるような激しい窮状におちいった。

表9は、昭和初年の中河内郡における米の収穫高とその価額を『大阪府統計書』から抜き出し、一石あたりの米価を算出したものである。一九二七年（昭和二）の中河内郡の一石あたりの米価は二九円五六銭、一九二九年には三〇円四銭だったが、一九三〇年にはいっきょに一九円一三銭まで下がり、一九三一年にはさらに、一六円九二銭に低落した。

さらに『大阪府統計書』によって、中河内郡の一九二五年（大正一四）から一九二九年（昭和四）までの五年間における米の作付面積と収穫高の平均をそれぞれ一〇〇とすると、一九三〇年の作付面積が九八とやや減少しているのに対して、収穫高は一〇九と増加していて、一九三〇年が例年にない豊作だったことがわかる。この年は全国的にも大変な豊作であった。この豊作と恐慌とが相乗作用をおこして米価が暴落し、「豊作飢饉」とよばれる状況を招いた。

翌一九三一年は前年度とは対照的な凶作だったにもかかわらず米価は下がり、農業恐慌はますます深刻なものとなった。満州事変後の軍需工業の活況によって、工業面での景気は回復する傾向を示したが、農業面での回復

表9　中河内郡の米の収穫高と価額

年度	収穫高	価　額	1石あたりの米価
	石	円	円 銭
1927	174,180	5,149,050	29.56
1928	178,193	5,181,280	29.07
1929	176,090	5,290,142	30.04
1930	190,114	3,637,091	19.13
1931	152,550	2,581,980	16.92
1932	178,912	3,578,504	20.00
1933	192,307	4,043,450	21.02
1934	139,259	3,816,040	27.40
1935	159,061	4,597,535	28.90

（注）　各年『大阪府統計書』から作成。

表10　松原村の一戸あたりの平均所得額

年度	所得額合計	納税義務者	1戸あたり平均所得額
	円	人	円 銭
1927	236,740	842（ 9）	281.16
1929	233,166	863（10）	270.18
1931	205,901	920（12）	223.81
1933	220,442	997（10）	221.10
1934	221,571	999（ 9）	221.79

（注）　1928年、1932年、1934年、1935年の各年度の特別税戸数割賦課のため作成された納税義務者の所得額・資産額の記載書類と、同年度の「村会会議録」から作成。（　）内の数字は、納税義務者のうち著しい貧困のため特別税戸数割を免除されたものの人数を示す。1928年、1930年、1932年の所得額は、1929年、1931年、1933年の各年度の特別税戸数割賦課のための資料が存在しないので不明。

は遅々として進まなかった。農業と工業の不均衡は、農工間の鋏状価格差（シェーレ）をいっそう拡大し、農民は農作物を安く売って、肥料や農具、一般消費物を高く買わなければならないはめに追い込まれた。

　昭和初期の松原村は、「純農九割」、「生産物モ農産物大部分」という状況だったから、農業恐慌は村民の所得に直接跳ね返るかたちとなった（「昭和六年松原村事務報告」『松原市史』第五巻）。表10は、松原村の特別税戸数割納税義務者の所得額を合計し、一戸あたりの平均所得額を算出したものである。これをみると、一九二七年の一戸あたりの平均所得額が二八一円一六銭、一九二九年には二七〇円一八銭だったものが、一九三一年にはいっきょに二二三円八一銭まで減少し、一九三三年（昭和八）にはさらに二二一円一〇銭に減っている。

　一九三四年は、二二一円七九銭とほんのわずかに上向き傾向を示したとはいえ、減少したまま横這いの状況が続いていて、長期化し深刻化した農村の不況がそのまま映し出されている。松原村は、大都市大阪に近接した地域に位置していたから、東北農村のように絶望的状況に至らなかったが、農業恐慌は村民の生活を確実に圧迫していたのである。

2 松原村の財政

松原村の決算報告書は、一九二六年（大正一五）から一九三五年（昭和一〇）までの一〇年間のうち、一九二七年、二九年、三一年、三四年、三五年の各年度分が現存しない。表11と12は、現存する一九二八年、三〇年、三二年、三三年の「歳入歳出決算報告書」と、一九四二年（昭和一七）四月の『村ヲ町制ニ変更書類』のなかの「既往十ケ年間ニ於ケル財政状態調」に記載されている一九三四年、三五年の歳入歳出決算総額と村税額をもとにして作成したものである。

表11　松原村の歳入歳出決算額

年度	歳　入	歳　出	歳入出差引残金
	円 銭	円 銭	円 銭
1928	35,584.92	33,744.76	1,840.16
1930	30,242.37	28,266.97	1,975.40
1932	44,903.15	34,726.97	10,176.18
1933	49,422.17	40,026.84	9,395.33
1934	93,285.48	33,761.98	59,523.50
1935	96,103.69	78,322.00	17,781.69

（注）1928年、1930年、1932年、1933年の各年度の「歳入歳出決算報告書」と、「既往十ケ年間ニ於ケル財政状態調」（1942年）から作成。なお、1929年と1931年は不明。

表12　松原村の歳入と歳入に占める村税の割合

年度	A歳入	B村税	$\frac{B}{A}\times100$
	円 銭	円 銭	
1928	35,584.92	23,647.37	66.5
1930	30,242.37	18,288.56	60.5
1932	44,903.15	18,877.25	42.0
1933	49,422.17	19,317.19	39.1
1934	93,285.48	21,726.75	23.3
1935	96,103.69	22,196.15	23.1

（注）表11に同じ。

表11をみると、一九三〇年

（昭和五）には歳入額も歳出額も、一九二八年（昭和三）より約五〇〇〇円減っていて、この年の村財政が収縮状態にあったことがわかる。だが一九三二年と一九三三年には、歳入額が大きく増えて四万円台を急上昇し、三三年には歳出額も四万円を超すという膨張を示した。一九三四年には、歳入額が九万円を超し、翌一九三五年には歳入額九万六一〇三円六九銭、歳出額七万八三二二円とふくれあがった。

一九三〇年の歳入の低下は、村税の減少によるものであった。一九二八年と三〇年の歳入の差五三四二円五五銭は、両年度の村税額の差五三五八円八一銭とほぼ一致するのである。表12をみるとわかるように、一九三二年も三三年も、村税は三〇年とあまりかわらない低い額を示していた。一九三四年、三五年には二万円を超し、三五年には二万二一九六円一五銭となったが、それでも一九二八年の村税額より一四五一円二二銭も低い額にとどまった。

村税の中で、もっとも大きな比重を占めていたのは特別税戸数割である。一九二八年の特別税戸数割額一万二三八六円五二銭は、同年の村税額二万三六四七円三七銭の五二パーセントにあたっていた。この特別税戸数割は、一九二六年（大正一五）に改正公布された地方税に関する法律によって、市町村の独立税とされたものである。一九二六年までの市町村の税収入は、ほとんどが国税や府税の付加税によるものだったが、一九二七年（昭和二）からは独立税としての戸数割が市町村の中心的な税目となった。戸数割は、納税義務者の所得と資産を算定し、それぞれの担税能力に応じて賦課されるものだったから、戸数割の税額の推移は、村民の所得や資産の増減と結びついていた。

　表13に示したように、松原村の特別税戸数割額は、一九二八年（昭和三）を一〇〇とすると、一九三〇年（昭和五）六二、三二年六〇、三三年六三と、いずれも二八年より四割程度減少していた。不況下の村民の資力の低下が、戸数割額を著しく減らし、それが、一九三〇年、三二年、三三年における松原村の村税額を減少させていたのである。

　一九三〇年には、村税が減少しただけ、歳入も減っていたから、この年の歳入に占める村税の割合は六〇・五パーセントとなっていた。一九三二年以降は、村税の減少にもかかわらず、歳入が大きく増えたから、歳入に占める村税の割合は急低下し、一九三二年四二パーセント、三三年三九パーセント、三四年、三五年には二三パーセントにまで落ち込むこととなった。では、一体なぜ一九三二年以降の松原村の歳入が、村税の減少にもかかわらず増加することになったのだろうか。

　一九二八年・三〇年と、一九三二年の決算報告書の歳入種目を比べてみると、国庫補助金が、二八年には三二円、三〇年には皆無だったのに、三二年には七〇九円四五銭となっている。府補助金は一九二八年に四六円七一銭、三〇年に二二〇円一九銭だったが、三二年には三九六八円一二銭となった。そして一

表13　松原村の特別税戸数割額の推移

年　度	特別税戸数割額	1928年を100とした指数
	円 銭	
1928	12,386.52	100
1930	7,699.15	62
1932	7,443.55	60
1933	7,831.43	63
1934	10,300.94	83
1935	10,100.46	82

（注）　表11に同じ。

九三二年には、二八年と三〇年にはなかった寄付金が四九四一円もあった。つまり、国や府からの補助金の増加と、富裕な村民の寄付があったことによって、一九三二年の歳入が増えたのである。一九三三年度の寄付金は一一五九円、府補助金二八八三円二八銭、国庫補助金七七七円八八銭だったが、三三年の歳入決算額は繰越金が一万一七六円一八銭もあったので三二年以上に増加した。繰越金が一九三三年に多いのは、三二年度に支出が予定されていた村道高見一号線の改築費が、未払いのまま三三年に繰り越され、三三年度の決算で「雑支出」として支払われたからである。

一九三二年度三三年度の「使途指定ナキ寄付金」と府の補助金の大部分は、田井城一号線、高見二号線、上田一号線といった村道の改修工事にあてられた(「昭和七年松原村歳入歳出決算報告」「昭和八年松原村歳入歳出決算報告」『昭和九年松原村村会会議録』)。田井城一号線の改修工事は、農村振興土木事業として実施されたものであり、その他の道路改良工事も同時期に集中していることからみて、疲弊した農家経済へのてこ入れを目的とした時局匡救《きょうきゅう》事業としての性格をもつものだったとみてよい。恐慌下の一九三〇年に一時縮減した松原村の財政は、農村不況が深刻化し慢性化していく一九三二年三三年に、このように増勢に転じたのであった。さらに同村では、一九三四年と三五年に小学校校舎の増築が行われていて、そのために村の財政は、これまでにない大膨張を示したのである。

一九三〇年の松原村の歳出費目のうち、経常歳出の小学校費は一万五八〇一円七銭で、歳出総額二万八二六六円九七銭の五五・九パーセントを占めていた。一九二八年には、小学校費が一万七一七六円一六銭、臨時歳出の小学校営繕費が四〇八八円九一銭だったから、その合計二万一二六五円七銭は同年の歳出総額三万三七四四円七六銭の六三パーセントに達していた。村の財政にとって、小学校費用の負担がいかに大きかったかがうかがえよう。

恐慌下の一九三〇年における経常歳出の小学校費は、一九二八年よりも約一三〇〇円減っていた。この年夏には、「町村の財政難から教員給引下げ頻々」といった記事が新聞紙面を賑わしていた（『大阪時事新報』一九三〇年七月二八日付朝刊）。

表14　松原小学校の児童数と学級数

年　度	尋常科児童数	高等科児童数	学　級
	人	人	クラス
1926	643	104	14
1927	689	88	14
1928	725	91	14
1929	761	99	14
1930	781	104	15
1931	803	112	15
1932	840	108	16
1933	876	134	17
1934	875	150	19
1935	846	153	20

（注）　松原小学校の『沿革誌』から作成。

松原村の場合には、教員給が引き下げられるようなことはなかったが、備品費や消耗品費、修繕費などを節約することによって、経常歳出の小学校費が減らされていた。しかもこの年には、一九二八年度のような臨時歳出の小学校営繕費の支出はなかったから、小学校費用の負担額は大いに減少した。一九三〇年の歳出全体の縮減は、おもに小学校費用の切り詰めによるものだったのである。なお、一九二八年度の臨時歳出の小学校営繕費は、一九二七年度に増築された校舎の付属建物（便所・廊下・使丁室・宿直室・倉庫）の建築費で

松原小学校の新校舎（1935年）、『創立120周年記念誌まつかぜ』より

あった（『昭和三年松原村村会会議録』）。

ところで、松原小学校の尋常科の児童数は、前頁の表14に示したように、一九二六年（大正一五）に六四三人だったのが、その後年々増加して、一九三三年（昭和八）には八七六人となった。この七年間に、児童数が二三三人も増えたのである。児童数の増加にともない、尋常科の学級数は一九三〇年、三二年、三三年、三四年に一学級ずつ増やされ、三四年には一年生から六年生までの学級数の合計は一六となった。高等科の児童数は、一九三二年に一〇八人だったのが、三三年には一三四人と急増した。高等科の学級数は、一九三三年までは一年生と二年生を合わせて二クラスだったが、三四年には一学級増やして三クラスとされた。こうして、一九三四年における松原尋常高等小学校の学級数は、全部で一九クラスとなったが、従来の校舎ではこの一九クラスを十分収容する能力はなく、「特別教室ヲ全部普通教室ニ代用」して、ようやく「教授ニ支障無キヲ得ツヽアル」という状態であった（『昭和九年松原村村会会議録』）。この数年間における同校尋常科一学級あたりの児童数は、六〇人前後という窮屈な状態が続いていた。

そこで松原村では、教室不足を解決するため、一九三四年度に校地を拡張して校舎を増築する計画がたてられた。拡張予定の校地は借地によるものとし、増築資金は二万六〇〇〇円の起債でまかなわれることになった。ところが、この年九月に来襲した室戸台風で、校舎北側六教室が倒壊したため、当初計画の八教室の増築案は、一四教室の増築計画に変更され、増築資金は大蔵省預金部から借り入れる倒壊校舎復旧費二万五〇〇〇円を加えて合計五万一〇〇〇円となった。一九三四年度の松原村の歳入額は、この借り入れ金を加えて、総額九万三二八五円四八銭とふくれ上がった。

松原小学校の増築校舎は、一九三五年三月に着工され、同年一〇月に完成した。松原尋常高等小学校の『沿革誌』には、一〇月一五日、「午前十時ヨリ落成式ヲ挙行ス、教室十四教室二百八十坪、階段五十二坪（三ケ所）、廊下百三坪七合五勺、便所十五坪七合五勺、工費総額参万六千四百四十六円四十一銭、拡張校地面積七百十五坪」と記されている。新しい校舎は、木造二階建ての延べ建坪四〇〇坪を超えるりっぱな建物だったが、借金でまかなわれた多額の費用は、農村不況下の戸数一三四六戸、人口六〇五七人（一九三四年末現在）の松原村にとっては、相当大きな負担であった。

3　農村経済更生運動

一九三二年（昭和七）六月一日・二日の両日、大阪府立実業会館において、第三十回関西二府十七県農会役職員協議会が開催された。この農会役職員協議会では、「窮乏の農村を匡救」するための「恒久的更生策の樹立」が検討され、兵庫県農会から提出された「農村自力更生挙国運動促進」に関する議案が決議された。次いで、同月七日・八日の両日、東京丸の内の帝国農会事務所で開かれた全国農会長会議でも、「農村の自力更生」が決議された（『大阪府農会報』第二六四号）。この二つの会議を経て、「自力更生」のスローガンは全国的に広まり、政府もまたこれを取り上げた。同年九月には、農林省に経済更生部が新設された。

一九三二年一〇月の『大阪府農会報』第二六八号（「農村更生号」）の巻頭には、「大阪府農務課外山《とやま》親三氏提唱　農村自力更生の守本尊　大黒様」と説明のある大黒天の絵と、「経済更生の守り神大黒様」と題した外山の次のような詩が掲載された。

大黒様は福の神　経済更生は此の神の。
示現増します御福相　我慢の鼻を低く為し。
大きな耳でよう聞いて　頭の知恵を働かせ。
右手に勤勉左手倹約　足に食ひ分貯へて。
頭巾冠りて上を見ず　衣食質素に分相応。
見栄を張らねば気が楽で　いつもニコ〳〵笑ひ顔。
それでまる〳〵よく太る　まだその上に気の合ふた。
友語ふて七福神　共同せよとの御教へ。

身の行ひの鑑とし　真心込めて履み行かば。
運も開けて自から　福禄天から賜はらむ。

外山は右の詩で、大黒天こそ勤勉・倹約・共同精神といった「自力更生」のための徳目を一身に体現した農家の守り神であると強調していた。彼は経済更生運動の進展に役立てるため、自己の主張を盛り込んだパンフレットを作成して全国の農村に配布したという。同じ『大阪府農会報』第二六八号には、兵庫県農会幹事、長島貞の『自力更生』の標語を按出せる動機と体得せる霊感の本義に就きて」と題する文が掲載されていた。霊感による「自力更生」のスローガンの案出といい、大黒天信仰による運動の推進といい、農村経済更生運動には当初からいくらかの土俗的、神秘的色合いが付着していた。それはこの運動が、合理的思考とは異質な精神運動の性格をもっていたことを示していた。政府は、これを利用して、激しい恐慌と深刻な階級的矛盾に直面していた農民の心を把握し、その力を吸収して農村の立て直しをはかり、社会不安の解消に役立てようとしたのである。

大阪府では、府の農務課が経済更生運動の担当課となって、府内各町村の更生運動の推進を指導した。大阪府の「農村経済更生要綱」（一九三二年九月）は、精勤主義・共同主義・節約主義を自力更生精神作興のための三つの柱としたうえで、それらに対応する具体的目標として生産増加・共存共栄・消費節約を掲げ、この目標達成のための実際項目を実行することによって、経済生活の安定が実現できるとしていた。伝統的な農民精神の結集と隣保共助の精神によって、疲弊した農村を自力で更生させようというのであった。

経済更生のためには、まず村民の精神更生が必要とされたのだが、農村不況の救済のためには、いくらかの予算面での裏付けもあった。一九三二年九月一二日の大阪府の臨時府会で時局匡救に関する追加予算が可決承認された。その主な経費は、救療施設二万二〇〇〇余円、農村振興土木事業八一万余円、農漁山村臨時施設四五万二〇〇〇余円、地方改善一〇万三〇〇〇円であった(『大阪朝日新聞』一九三二年九月一三日付夕刊)。一九三二年の松原村の村会会議録をみてゆくと、この年一〇月四日の村会に、農村振興土木事業費の補助申請に関する議案が提出されていて、一九三二年度に実施する村道改修工事費の補助を大阪府に申請することが決議されている。また、この日の村会で、時局匡救のために実施する村道改修工事の費用のうち、現場で支払う賃金などの経費については、業者に資金の前渡しをすることが決められており、不況下の農家経済の救済を目的とした土木事業で、賃金の支払いが遅れることのないよう配慮されていたことがわかる。こうして、一九三二年、三三年に農村振興のための土木事業が実施されたが、その費用は府や国の補助金だけではまかなえず、富裕な村民からの多額の寄付を必要としたことは、すでに述べたとおりである。

一九三四年(昭和九)になると、天美村が経済更生村の指定をうけて、村ぐるみで経済更生計画を実施することになった。この指定をうけると、府から助成金が交付され、村長を会長とする経済更生委員会が組織され、この委員会を中心に学校、在郷軍人会、青年団、婦人会など、あらゆる機関を動員し、村の総力を傾けて更生計画が実施されることになっていた。大阪府内では、一九三二年から三四年までの三年間に、四二か町村が経済更生村に指定されていて、一九三五年の『大阪府農村経済更生概要』には、他の指定村の更生計画とならんで、天美村の経済更生計画が収められている。

それによると、天美村の更生委員会は、会長である村長の下に、農会長と産業組合長の二人を副会長とし、五五人の更生委員で組織されることになっていた。実行機関の全体は、統制部・教育部・生産部・経済部・社会部の五つの部で構成され、統制部の部長は会長が兼任し、部員は各部の部長、役場吏員、農会役職員であった。この統制部が村全体を掌握し、更生計画を推進しようというのである。

教育部の部長は小学校長で、部員は学務委員や学校職員であった。教育部の指導のもとに、学校、男女青年会、軍人会が中心となって、「精神作興計画」を実施しようというのであった。具体的には、聖旨奉戴会の開催、精神作興講演会の開催、月一回の神社寺院参拝、祝祭日の国旗掲揚、更生貯金の励行などであった。社会部は助役を部長とし、生産部の部長には農会長、経済部の部長には産業組合長があてられた。社会部は、「冗費ノ節約」「隣保ノ親善互助精神ノ強化」といった「生活改善計画」を実施し、生産部は蔬菜の集約栽培や栽培方法の改良を通して、生産の増強をすすめる「生産改良増殖計画」を推進することになっていた。集約栽培のための「更生点」として、「移出蔬菜ノ選定」と「共同出荷」があげられている。移出蔬菜に選定されたのは、茄子（蔓細千成）・南瓜（早生黒皮）・越瓜（縞）・里芋・大根（聖護院大根）・セロリー・馬鈴薯・蚕豆《そらまめ》の八種類であった。蔬菜の栽培に力を入れた「生産改良増殖計画」は、大消費地大阪市に隣接した天美村の利点を生かした経済更生計画であった。経済部は、産業組合の拡充をはかり、産業基礎団体としての農事実行組合の普及につとめることになっていた。当時、天美村の実行組合数は六、組合員は一〇〇人であった。これは同村の「農家戸数三七八戸ノ二七％」にすぎなかったから、加入農家が「農家戸数ノ八割」に達するように、実行組合の新設を奨励していこうというのであった。

『大阪府農会報』一九三六年二月号掲載の「大阪府自家用醤油醸造奨励状況」には、「昭和十年度自家用醤油共同醸造事業計画」が記されていて、そのなかに「天美村の油上《ゆかみ》実行組合、組合員数一六人、醸造戸数一六戸、組合長土橋辰三、醸造見込量一一石」と書かれている。この油上実行組合の例にみられるような小単位での農家の組織化は、帝国農会・郡市農会・町村農会といったいわゆる系統農会の上からの指導のもとにすすめられ、経済更生運動推進のうえで重要な役割を果たした。

以上のほかに、天美村の経済更生計画には、工業や商業の発達を目的とする「村進展計画」が掲げられていた。この計画は、工業地区と住宅地区を設定し、工業住宅地組合を設置して工場敷地や住宅敷地の斡旋、地価の協定などを行おうとするもので、大阪府内の他の指定町村の経済更生計画には見られないものであった。『大阪府農村経済更生概要』の「全町村ノ収支概算」によると、天美村全体の一年間の収入は九四万四二〇〇円と記されており、そのうち農業収入は一二万六六〇九円で、全体の一三パーセントであった。これに対して、工業収入は三九万三六二七円で四二パーセント、商業収入は一三万三九五〇円で、一四パーセントとなっていて、工業と商業の収入の合計は、全体の五六パーセントを占めていた。『大阪府農会報』一九三五年七月号の「農村の更生」には、経済更生村に指定された大阪府内四二か町村全体の収支状態についての、それぞれの指定年度における調査表が掲げられている。それによると、四二か町村のうち収支が黒字だったのは、純農村とみられる村々ではわずか三か村しかなかった。ほかに工産製品を加算して黒字となっていたのが五か村で、このなかに天美村が入っていた。一九三四年度の天美村全体の収入は一三一万六三六七円、支出は八六万四七九八円で、差引過剰四五万一五六九円となっていた。天美村の総戸数は八四八戸で、そのうち農家が三七八戸だったから、農家戸数の割合は四五パーセントであった。おそらく、このような天美村の経済的特徴のゆえに、同村の経済更生計画のなかに商業や工業の発達促進を目的とする「村進展計画」が加えられたものと思われる。『大阪府農村経済更生概要』によると、一九三四年における天美村全体の負債の総額は四一万五二九八円、一戸当たりの平均負債額は四九〇円であった。同年の村全体の収支が黒字だった天美村でさえ、これだけの負債をかかえていたのである。

窮迫した村の経済の立て直しをめざして、指定をうけた村々の経済更生委員会は、日本が日中全面戦争へと突入していくなかで活動を続けていった。もともと経済更生運動は、不況下の農民

天美小学校の仮校舎（1935年）、『天美百年史』より

が自らの力を振り絞り、何とか苦境を切り抜けようとしたところから始まった。だが、政府の施策として取り上げられた経済更生運動は、やがて国民精神総動員が叫ばれファシズム化が進行するなかで、戦時体制への村ぐるみの協力と組織化に役立つようになっていったのである。

一九三四年九月二一日の室戸台風では、松原村も天美村も大きな被害を被った。天美尋常高等小学校の『沿革誌』は、「午前七時五十分、未曾有ノ台風ニヨリ校舎ノ被害甚大ナリ」と記し、木造瓦葺平屋建校舎一棟（普通教室四、特別教室二）が全壊し、木造瓦葺平屋建二棟（一棟は普通教室六、一棟は普通教室四）が半壊傾斜したことを記録している。『沿革誌』には死傷者の記録が欠けているが、『大阪府風水害誌』（一九三六年刊）の「府下小学校別被害調査」（一九三四年九月三〇日現在の数字）によると、天美小学校では、死亡児童四、重傷児童九、軽傷職員三、軽傷児童二五であった。

倒壊した天美小学校の木造校舎の教室には、雨と風のなかを遅れないようにと、元気に登校してきた尋常科二年の男の子たちがいた。この二年生の男の子たちが、吹き倒された校舎の下敷きとなったのである。急を聞いて駆けつけた村人による救助作業が始まると、すでに亡くなった子供たちや重傷を負った子供たちが次々と運び出された（『天美百年史』一九六五年刊）。

松原小学校では、木造校舎一棟（六教室）が倒壊した。同校では、すでに年々の児童数増加によって教室不足が深刻化していたが、さらに校舎一棟倒壊の被害を受けたため、一九三四年一〇月二日から尋常科三年の三学級を二学級に圧縮したうえで、三年生以下の学年で二部教授が行われた。この二部教授が解かれたのは、新校舎完成後の一九三五年九月一〇日のことであった。

被害が大きかった天美小学校では、仮校舎を建てたり、半壊傾斜した校舎に修理を施すなど、応急的措置を講じて授業がすすめられた。一九三五年九月一日には新校舎の建設が始まり、一九三七年四月に木造平屋建スレート葺校舎四棟と表玄関が完成した。総工費は、五万二六九八円であった（天美尋常高等小学校『沿革誌』）。不況を何とか乗り切ろうとしていた当時の村々にとって、室戸台風の被害は財政のうえでの大きな痛手であった。台風によって幼い命を奪われた天美小学校に、ようやく新しい校舎ができ上がったのは、日本が中国との全面戦争に突入していく三か月前のことであった。

第四章　松原地方の住民と生活

1　村々の風景の変遷

恵我村の風景

一九三四年（昭和九）一二月発行の郷土調査研究会編『恵我村地誌資料』第一輯は、恵我尋常高等小学校の先生たちで組織された同校の郷土調査研究会が、一九三二年から約二年半にわたって、恵我村の自然・産業・社会環境などについて調査収集した資料をまとめたものである。この『恵我村地誌資料』によると、別所・一津屋・小川・大堀・若林の五つの大字からなる同村の総面積は、三・〇一平方キロメートルで、一九三三年八月現在の土地利用状況は、田が一八九町五反、畑一〇町四反、宅地四四五六坪であった。田畑の面積は、約一・九八平方キロメートルで、村の総面積のほぼ三分の二を占めていた。田畑と、わずかな宅地と道路を除く残りの大部分は、河川や溜池などであった。

恵我村の北部には大和川がゆったりと流れていて、村の南東から流れてきた東除川《ひがしよけ》が、同村北部中ほどで大和川に合流していた。一面に広がる水田のなかに、大和川の大きな流れがあり、東除川をはさんで五つの小さな集落が点在していたのである。それは、西名阪自動車道松原インターチェンジがあって、大阪中央環状線が突き抜ける今日の状況からは、想像もできないほどのどかな農村風景であった。なお、当時大和川の北に、大字若林の枝村若林出郷（北若林）があった。この若林の枝村だった北若林の地域および大堀町のうち、大和川の中心線より北の区域が、松原市発足後の一九六四年（昭和三九）四月一日に八尾市に編入され、今は松原市に属していない。

『恵我村地誌資料』には、一九三三年（昭和八）八月五日現在の同村の本籍人口は、男一七三三人、女一六九六人で合計三四二九人と記されている。出寄留は七二二人、入寄留一三九人で、差し引きすると出寄留が五八三人多くなっている。出寄留が多いということは、人口が流出していたことを示している。一九三〇年の国勢調査による恵我村の人口は二七三七人だったが、恵我小学校の調査による一九三三年九月一日現在の人口は二六六七人、戸数は五二二戸であった。

『恵我村地誌資料』の農業に関する「経済景観」のところには、同村全体の農家のうち自作が五七戸、自小作七戸、小作二三五戸とあり、次のように記されている。

小作料は平均反当一石六斗五升で、小作制度は永年制のものが多く、余程の凶作でない限り小作問題も円満に解決してゐる所である。各大字に九の農事実行組合を組織し、農事の改良につとめ、支出の最大な肥料の共同購入、日用品の購入等をなす。蔬菜出荷組合は昭和五年十二月に組織され、一津屋に集荷場を建設して出荷統制を図つたが、今日では振はない。肥料は郊村の恩恵で無料の下肥を大阪市から得て、道路に沿ふ肥料溜に貯蔵する様は一風景である。故に朝早くから年中大阪市に通ふ。尚、余れば近村に売付ける。かくても農村は今不況である。

続いて、商工業についての記述を掲げ、右の引用文とあわせて、昭和初年における恵我村全体の日常の景観を概観しておくことにしよう。

商工業は大体に言へば甚だ振はない、商家のあるのは大体街道筋で、長尾街道古市街道其他村の主要な通に散在してゐる。商品は百貨式で田舎向きの経営であり、大阪市及堺市の商業圏で、食料品及日用品を商ふ店が主である。之等も又農業を兼業するもの多い。食料品を商ふ乾物屋九軒、菓子屋二一軒、魚屋五軒、酒屋一二軒、米屋一〇軒、饅頭屋三軒、八百屋二四軒、寿司屋二軒で豆腐屋が一軒もない。小山、阿保から行商に来る。日用品は雑貨屋五軒、小間物屋三軒で荒物屋がない。呉服屋は近村、西野々、島泉。青物は大阪市其他近村へ行商に出る。尚、村々の催し物其他定期市に露天店を出す。本村に入る行商は北花田、川辺より魚屋。向野より牛肉、下駄。阿保、小山よりの豆腐屋。恵我の荘より副食物。矢田より小間物。大和より薬を売りに来る。其他学用品、瓦屋、畳屋、鉱力屋、ハツタイ屋等もあり。実行組合では日用品、信用組合では学用品、農家用薬品を販売す。（中略）

工産は大阪湾沿岸の工業地帯に属してゐる為綿織物が主で其他貝釦《かいぼたん》、針、瓦、製粉、木製品、竹製品、紙函等である。

綿織物は全工産二十六万円の中、十六万五千円を占め、大正十五年の生産四万三千四百円の約四倍、昭和四年八万四千円の約二倍の躍進振で別所に高田、一津屋に木田、若林に山田、島村の各工場があり、何れも工場法適用されてゐる。

商業はきわめて零細であり、工業生産は四つの織布工場が中心で、ほかに貝釦、紙函、養殖真珠の加工場などが若干存在した程度であった。それでも、一九三二年度における同村の工業生産額二六万二二三〇円は、村全体の生産総額四九万五五六〇円の半分以上を占め、農業生産額の二一万五七八一円を上回っていた。当時、同村村民のほとんどが農業に従事していたことを考えると、一九三二年の農業収入の低さがうかがえる。

『恵我村地誌資料』によると、当時同村役場には、村長、助役、収入役のほかに書記が三人いただけであった。村会議員は一二人で、「議員村民共〻政党派に分る〻事なく協力一致自治団体の向上に精進せらる」と記されている。郵便物は、長吉村の川辺郵便局から配達されていた。電話は、一九二七年（昭和二）五月一三日に架設され、「今日加入者一〇人ある」と記されている。当時の恵我村では、電話はごくかぎられた家にしか設置されていなくて、一般村民にとってはまだまだ珍しいものであった。

一九三〇年三月に、大和川にかかる新しい明治橋が竣工した。それまでの木造の明治橋にかわって、鉄筋コンクリートの橋が大堀と川辺の間にかけられたのである。明治橋は、大正末に大阪市に編入された平野《ひらの》と、大和川南岸の農村地帯を結ぶ交通の要であったから、自転車・荷車・自動車・リヤカーなどが行き交い、静かな恵我村のなかではもっとも交通量の多い場所であった。

ところで同村には、当時医者も看護婦もいなかった。『恵我村地誌資料』は、次のように記している。

戸数四百余のこの村内に医師、歯科医、薬剤師何れも一名もなく、ただ隣村より迎へ漸く用を便じてゐるとはなげかはしい次第である。薬種商とてもなく唯行商人の便をかるにすぎない。接骨なし、産婆、按摩各二名がやつと光つてゐるのみだ。

飲料水は、各戸の井戸水が使用されたが、「共同井戸、川水を用ひてゐる箇所」もあった。一九三一年の恵我村全体の死亡者数四五人のうち、一〇人がチフスで死んでいる。一九三二年の死亡者は六〇人で、うち一四人がチフスであった。『恵我村地誌資料』は、「死亡率高く且つ本村民の疾病殊に伝染病等」による死亡者が多いと記し、その理由として「急激なる社会の変遷産業の発達に対し、社会的保健施設の普及伴はざること、例へば上下水道の不備、療養機関の不足、予防施設の欠陥に依るもの」と述べていた。恵我村は、松原村、天美村など、近隣の村々とともに、瓜破《うりわり》村外六箇村組合伝染病院の設立に加わっていたが、この伝染病院は村民の命を守るには、きわめて不十分な施設でしかなかったのである。

松原村大字田井城

大字田井城は、松原村の北西部に位置していて、北は三宅村に、西は天美村と布忍《ぬのせ》村に接していた。一九三九年（昭和一四）に刊行された帝国農会の『大阪市近郊農村人口の構成と労働移動に関する調査2』には、田井城の農家五九戸を対象とした一九三六年における詳細な戸別調査の報告が掲載されている。それによると、農家五九戸の人口は三三四人であり、うち自作農家一一戸六四人、自小作農家五戸三四人、小作農家四三戸二三六人であった。一九三五年の田井城の総戸数は七六戸であったから、集落の八割近くが農家であり、その七割以上が小作農家であった。耕作地の広さをみると、五反以下三五戸、五反～一町が一九戸、一町～一町五反が三戸、一町五反～二町が二戸となっていて、六割が五反以下の農家であった。

小作農家や耕作地の少ない農家は、農業収入だけで生活するのが難しかったから、経営主や家族が他に職を求めて「俸給生活者」または「賃労働者」となる場合が、耕作地の多い農家や自作農家よりも多かった。一九三六年における田井城の農家の通勤者は、三四人であった。このうち、小作農家が二八人を占め、自小作二人、自作四人であった。仕事の内容は、職工が一六人（うち女工三人）、給仕及び手伝い三人、小使二人、保線工夫一人、官吏三人、教員二人、銀行員二人、事務員一人などとなっていて、ブルーカラーが圧倒的に多かった。ほかに住所を移して働きに出ている者が一四人いて、そのうち職工が五人、女中二人、農業二人、小使一人、馬丁一人、肥汲み一人、事務員一人となっている。松原地方における当時の農家の、農業外労働の実態がうかが

表15　1936年の大字田井城住民の学歴及び進学状況

（単位：人）

		尋常小学校			高等小学校			補習学校	中等学校			師範学校	高等専門学校		大学	寺子屋	無教育	不明	就学前
		卒業	中退	在学中	卒業	中退	在学中	卒業	卒業	中退	在学中	卒業	卒業	中退	卒業				
農家	男	42	11	23	30	—	3	—	1	1	1	—	1		1	3	12	8	28
	女	32	15	26	11	—	3	1	1	3	3	1	—		—	2	17	18	36
	計	74	26	49	41	—	6	1	2	4	4	1	1		1	5	29	26	64
非農家	男	11	3	11	—	—	1	—	3	2	1	2	—	1	—	—	—	—	9
	女	15	1	6	4	—	—	1	5	—	3	—	—	—	—	—	5	2	6
	計	26	4	17	4	—	1	1	8	2	4	2	—	1	—	—	5	2	15

（注）『大阪市近郊農村人口の構成と労働移動に関する調査２』から作成。

える。なお、不在家族の中に、呉海兵団への入団者が一人あると記されている。

表15は、一九三六年における田井城の農家五九戸の家族三三四人と、農家でない家の家族九二人の学歴及び教育状況を示したものである。これをみると、尋常小学校または高等小学校卒業者がほとんどであったことが明瞭であるとともに、尋常小学校中退者と無教育者が相当数あったことがわかる。農家と農家以外の家庭を比べると、農家の方が学歴水準の低かったことがうかがえる。ちなみに、中等学校への進学状況をみると、在学者及び卒業者のいずれも男子より女子が多い。これについて、大阪市近郊農村を対象とした前掲調査書は、「興味深きこと」「調査他村とその傾向を同じくする」と記している。

ところで、一九三六年の戸別調査は、田井城の農家五九戸の日常生活の実態を相当詳しく伝えている。たとえば風呂について、「風呂場の設備のないものは一一戸」とあり、「四季を通じて毎日入浴する家族は八戸」「夏季だけ毎日入浴し、冬季は隔日或は三日に一回のもの七戸で、他は年を通じて隔日或は三日に一回が入浴の一般的頻度である」と記している。建物は、「一戸当り二・一棟で、最大は五棟、最小一棟の家庭も二一戸」とあり、畳数は「一家平均一七・一畳」「最大は四三畳で、最小は六畳といふ信じられない程畳数の少ない農家もある」と書いている。電灯設備は、「調査戸数五九戸のうち四〇戸まで」が、「一六燭光一個」を付けているだけであった。「一六燭光一個に六燭光程度のもの一個合計二個」の家が一〇戸あり、「三八燭光一個」の家が一戸、「最も多きは五個点灯」している家で、これはメートル制であった。

家族が食べる米、すなわち飯米を自給できる農家は、五九戸のうち二三戸にすぎなかった。半数以上が、農家でありながら飯米を完全に自給できなかったのである。自給できない農家の飯米購入額は、平均して一戸あたり一年に一一七円であった。自給できない農家のうち、二戸が米と麦の混食であったが、他は米食であった。食事回数は一日三食が二三戸、「他は四回が一般的にして、夏季にありては五回食事を摂る農家も多い」とあり、「肉魚類の副食物を購入する戸口は三九戸」で一戸あたり月額四・一一円、「間食の買入をなす家族は三〇戸」で、一戸あたり月額三・六二円と記している。肉や魚の副食物を購入しない農家は、間食も購入しないという傾向がみられた。「飲酒の習ある戸口は二四戸」、「喫煙の習慣は飲酒よりも一層広く普及し、五二戸」で、「喫煙農家一戸当り一一銭」、「全体で一ケ月一七〇・四円一年二〇四四・八円といふ厖大なる金額が煙りとなる」と述べている。

新聞を購読する農家は、五九戸のうち一七戸しかなかった。そのうちの七戸が『大阪毎日新聞』、一〇戸が『大阪朝日新聞』を購読していた。雑誌は、『婦人倶楽部』だけを購読している家が二戸、『婦人倶楽部』と『家の光』の二冊購読が一戸、『キング』と『文藝春秋』を購読している家が一戸であった。

以上のように大字田井城の生活実態を述べたうえで、『大阪市近郊農村人口の構成と労働移動に関する調査2』は、「過去との比較に於て、変りなしの回答を与へしもの十二戸にして他の四七戸の農家は、生活が向上し、或は贅沢となり、或は冗費が増大し」、「生活が困難となりつゝありとのこと」と記し、「都市との交流接触」から、ますます農業外に就業の機会を求めて「労働力の移動が起るのは当然」と書いていた。

なお、同書は「農家の補給労力」についても述べていて、田井城では農繁期を中心に二四人の雇用労働力が使用されていると記している。田井城には牛が九頭しかいなかったので、人と牛と農具をセットにして雇う農家が多かった。この場合の賃金は、一日最低五円最高七円五〇銭であった。牛や農具を携えない場合は水田荒起こし反あたり約二円五〇銭、田植えは一円ないし二円五〇銭で、二円程度が普通であった。二四人の雇用者のうち、五人は朝鮮人であった。朝鮮人の賃金は一円又は一円二〇銭程度、ただし稲刈り人夫は一円二〇銭から二円三〇銭の間で、普通は一円五〇銭ないし二円程度が多かった。朝鮮人は、同じ仕事でも賃金が低かったのである。田植えと稲刈りの時は、多くの場合食事付きの労働であった。

三宅警察署

八尾警察署三宅分署が、三宅警察署となったのは一九二六年（大正一五）七月一日であった。管轄区域は三宅分署時代と同じ布忍村・天美村・松原村・三宅村・恵我村・長吉村・瓜破村・矢田村の八か村であった。三宅分署が三宅警察署となった同じ日に、国の地方行政官庁としての郡役所が廃止されていて、三宅警察署の『沿革誌』に、「大正十五年六月三十日限リ郡役所廃止セラレタル結果、陸海軍ノ動員事務ハ警察署に移管サレタリ」と記されている。なお、更池村にあった八尾警察署更池分署が、三宅村に移転して三宅分署となったのは一八九四年（明治二七）であった。

一九二六年七月の三宅警察署の人員は、会計係巡査一人の増員配置があって、警部補一、巡査部長一、巡査一二の計一四人であった。一九二八年（昭和三）四月には、会計巡査部長一人、司法刑事巡査一人の増員配置があった。同年一二月には、「思想警察係員増設」にともない、同署にも「高等係刑事巡査一名ノ増配置」があったと『沿革誌』に記されている。

一九三三年には、天美村に駐在所が増設され、巡査一人が増員された。新設の駐在所は、「計画地ナル天美村ニ対シ折衝ノ結果」、一九三四年五月一五日に「天美村領内大字高木民家」に、「漸ク仮駐在所」を開設することができた（『沿革誌』）。この新設の駐在所は、天美村西駐在所と呼ばれた。前からあった天美村駐在所は天美村東駐在所と改称された。一九三四年の三宅警察署管内には、東と西の天美村駐在所のほか、松原村上田・松原村岡・布忍村・矢田村北・矢田村南・

瓜破村・長吉村長原・長吉村川辺・恵我村の一一の駐在所が存在した。昭和初年における管轄地域内の戸数および人口の変化について、同署の『沿革誌』は次のように記している。

　部内大阪鉄道沿線、矢田村、天美村、布忍村、松原村ハ年々戸口増加シ、殊ニ近来各村ニ郊外住宅ヲ経営スルモノアリテ、市内ヨリノ移住者漸次増加シ、昭和七年末ノ戸数六三三九戸、人口三万一二八二人ニシテ之ヲ昭和五年末現在ニ比較スルニ、戸数ニ於テ五二一戸、人口二八八〇人ノ増加トナリ、尚盛ニ増加ノ傾向ヲ示ス。

　昭和八年末ニ於ケル部内人口ハ、六四九四戸三万二三五三人ニシテ、昭和七年末人口ニ照シ、一ケ年ニ一五五戸一〇七一人増加セリ。

三宅警察署管内の矢田村、瓜破村、長吉村の三か村は、現在大阪市に属している。この三か村のうちもっとも西に位置する矢田村と、松原市域の天美、布忍、松原の三か村が、大鉄沿線の住宅経営にともない、人口が増加しつつあるという『沿革誌』の記述は注目される。田園地帯を走る大鉄沿線にも、大都市大阪に近い村々では、少しずつではあるが人口増加にともなう変化がみられたのであり、天美村に駐在所が増設されたのも、そうした変化に対応したものだったとみてよい。

次いで『沿革誌』には、一九三七年六月七日として、「警部補署長ヲ警部ニ昇格」と記され、「同日付、司法主任トシテ警部補一名配置」と書かれている。こうして一九三七年の三宅警察署の配置構成は、警部一、警部補一、巡査部長二、巡査一五の計一九人となった。

大鉄乗合自動車

乗合自動車の運行

堺乗合自動車株式会社が、布忍村東代《ひがしだい》六六を起点として、船堂《せんどう》・新堀《しんぼり》・大豆塚・南海東駅・堺駅を経て、堺市大浜通四ノ一九に至る八・三キロメートルの路線営業を開始したのは、一九二一年（大正一〇）二月一日であった。一九二八年（昭和三）五月には、大阪鉄道株式会社が松原村岡五四七ノ二を起点とし、大鉄河内松原駅を経て瓜破村東瓜破に至る路線を開業し、さらに同年九月、松原村岡から丹南村・真福寺《しんぷくじ》村（現・美原町）を経由して黒山村下黒山（現・美原町）に至る路線も開業した。翌一九二九年一二月には、大阪市住吉区平野元町と東瓜破間及び、平野元町と長吉村出戸《でと》間の路線が開通した。一九二八年一二月には藤井寺町岡と長吉村出戸を結ぶ路線が開通していたから、一九二九年末には、松原村・三宅村と住吉区平野町及び藤井寺・黒山・丹南・真福寺・瓜破・長吉の各町村の間が、大阪鉄道の乗合自動車で結ばれたことになる。

また同社は、一九三〇年四月に金岡村金田（現・堺市）から松原村を経て古市町産ノ西（現・羽曳野市）に至る路線を開業していて、これが一九二八年七月に開業していた堺市三国丘町と金岡村金田間の路線と結ばれた。松原村と堺市が、一九三〇年の春に乗合自動車で直結されたのである。

表16は三宅警察署管内を運行する大鉄乗合自動車の乗降人数の推移を表したものである。松原線とは、平野と黒山を結ぶ路線のことであり、古市線は堺と古市間の路線である。一九三七年までは松原線の方が乗降人数が多かったが、三八年以降は古市線の方が多くなっている。一九四〇年の乗降人数は松原線・古市線ともに前年より著しく増加していて、とくに古市線の乗降人数の急増が目立っている。

鉄道省編『全国乗合自動車総覧』によると、一九三四年当時大阪鉄道が使っていた乗合自動車の車種は、二九年ないし三一年式シボレーと二九年式フォードであった。堺乗合自動車の車種は、すべてフォードで二九年式、三〇年式、三二年式であった。大鉄・堺乗合両社とも、乗車定員一〇人前後の自動車を使用していた。車両数は、大鉄が常用一〇台、予備が五台であった。堺乗合は、常用が一四台、予備二台であった。

なお、一九三〇年一二月に、布忍村更池の藤本藤一郎が布忍村東代六九から野遠《のと》（現・堺市）を経て南八下《みなみやしも》村小寺に至る三・三キロメートルの乗合自動車路線を開業している。この路線は一九三二年八月に黒山村余部《あまべ》まで延ばされた。営業資金は五〇〇〇円、一九三四年の使用車両数は二台、二九年式フォードと三〇年

表16　大鉄乗合自動車乗降人員

（単位：人）

年　次	松原線	古市線
1932	274,242	208,303
1933	244,461	194,184
1934	267,176	257,029
1935	317,181	273,137
1936	370,028	339,824
1937	482,789	429,630
1938	413,834	426,613
1939	409,058	456,967
1940	544,177	738,930
1941	550,126	557,926

（注）各年『大阪府警察統計書』から作成。

式シボレー一台ずつであった。

天美荘園住宅地

柏原と河内長野の間を結ぶ河南鉄道が、天王寺と道明寺の間に新線を敷設する計画を立て、大阪鉄道（略称・大鉄）と改称したのは、一九一九年（大正八）であった。一九二二年には、道明寺と布忍間が開通し、翌一九二三年に布忍と天王寺（一九二四年六月、阿部野橋駅と改称）の間が開通した。道明寺—天王寺間が電化されたのは一九二三年であり、翌二四年には在来線の柏原—長野間も電化された。そして、一九二七年（昭和二）六月に古市と橿原神宮を結ぶ大和延長線の工事が始まり、およそ一年半後の二九年三月に完成した。天王寺—道明寺間の新設線も大和延長線も複線であったから、在来線の道明寺—古市間の複線化が必要となり、これは一九二八年中に完工した。大和延長線は、終点久米寺駅（橿原）で吉野鉄道への乗り入れが行われ、大阪電気軌道畝傍線（現・近鉄橿原線）とも連絡した。こうして大正末から昭和初期に、大阪鉄道は大和南部および南河内と、大阪市を結ぶ郊外電車へと発展した。鉄道事業の拡張と並行して、大鉄は矢田、恵我之荘（当時高鷲村、現・羽曳野市）、藤井寺、古市における土地住宅経営や、一九二八年の藤井寺球場開設、同年以降における平野—黒山間、平野—古市間、堺東—古市間の乗合自動車の運行など、兼営事業にも力を入れた。乗合自動車の路線のうち、平野—黒山間と堺東—古市間は、大鉄松原駅を経由していて、松原村・三宅村・布忍村を走って堺や平野と結んでいた。

大阪鉄道は、大和延長線開通後、同線建設のための負債と昭和恐慌の重圧に苦しみ、一時経営難に直面した。だが、満州事変後の軍需工業の活況と都市経済の回復にともない、一九三五年（昭和一〇）前後から経営が好転し、大鉄百貨店、大鉄映画、汐ノ宮温泉場の建設、楠公史跡バス循環線、土師ノ里および天王寺における土地住宅経営など、兼営事業の拡張に努め、再び発展期を迎えた。

大鉄阿部野橋駅に大鉄百貨店（現・阿倍野近鉄百貨店）が開業したのは、一九三七年七月であった。大阪のターミナルデパートは、一九二九年四月に阪急梅田駅に阪急百貨店が開業したのに続いて、一九三〇年一二月に南海鉄道難波駅に高島屋南海店が開設され、三六年七月には大阪電気軌道が上本町に大軌百貨店（現・上六近鉄百貨店）を開業していた。大鉄百貨店は、大軌百貨店に続いて大阪市内四番目の本格的ターミナルデパートとして出現した。『大阪朝日新聞』一九三七年七月一五日付夕刊（一四日の夕刊）一面に掲載された大鉄百貨店の広告には、「今秋全館完成に魁《さきが》けて明十五日　一部開店　地階食料品・菓子　一階菓子・パン　二階化粧品・雑貨　店内冷房完備」と記されていた。その後、工事が進むにつれ順次売り場が拡張され、実際に全店開業となったのは、一九三八年一〇月であった。本館建物は、鉄筋コンクリート建地下二階地上七階総面積六五〇〇坪で、売り場面積は四八六〇坪、エレベーター、エスカレーター、食堂を備え、冷暖房装置を完備していた。

大鉄百貨店が全店開業した一九三八年の春、地下鉄の難波―天王寺間が開通した（梅田―心斎橋間の開通は一九三三年五月、難波までの開通は一九三五年一〇月)。『大阪朝日新聞』の一九三八年四月一九日付夕刊(一八日の夕刊)は、「豪華第一の新線二十一日晴れの開通を前に、難波―天王寺地下鉄試乗」の見出しで、難波から大国町―動物園前を経て天王寺に至る三・四キロの所要時間六分三〇秒と記し、天王寺駅は「各線の乗客を呑吐《どんと》する綜合駅のことゝて大阪地下鉄第一の広々とした豪華駅、発着線も三条持ち、側壁はクリーム色の人造大理石、立ち並ぶ円柱も立派だ、大鉄百貨店の地階と連絡する」「省線天王寺駅が完成すれば中二階から更にエスカレーターで連絡することになって豪華な姿を見る日も近い」と報じた。翌一九日の朝刊には、「シャンデリヤ眩しき天王寺駅」の写真を掲げ、「世界一の折紙　キロ当り四百四十万円　明粧成つて開通を待つ」、「二十日の竣工式、二十一日初発からの開通」と記した。大鉄河内松原駅から阿部野橋駅まで二〇分、布忍駅から一七分、河内天美駅からは一三分であった。地下鉄難波駅―天王寺駅間が開通したことによって、松原市域の大鉄線の各駅から難波や梅田に行くのが大変便利になった。

ところで、地下鉄難波―天王寺間開通目前の一九三八年春に出された「天美荘園住宅地」の「春季大特売」の散らしが現存している。散らしには、「天空快濶なる大鉄沿線天美荘園」とあり、「四月三日より五月十日まで」「大特売」、「大大阪市の南、アベノ橋より僅か十分」「地下鉄、四月二十一日より開通、天美=梅田間二十分」「阿部野橋の発展につれ前途益々有望の住宅地」と記している。散らしに印刷された地図をみると、大鉄天美駅のすぐ北東にボート乗り場のある大きな池や遊園地、釣り池などが描かれていて、その北に整然と区画された長方形の住宅地がある。

道路で仕切られた大きな区画地が二一あり、この区画地が一〇から一二の分譲地として区分けされている。一つの分譲地が八〇坪程度であったから、「天美荘園住宅地」の総面積は約一万九三六〇坪ということになる。一九三八年春の散らしでは、開発された住宅地の約四八パーセントがすでに売約済みになっていて、残りが「特売」されていた。販売者が所有していた現存する散らしには、特売中の分譲区画のうち、「済」の印が押されているところが五〇ある。「済」の印は、散らし作成後に売約済みになったことを示したものと思われるから、この五〇の分譲地と、すでに売約済みだった分譲地一〇八を合わせると、住宅地全体の約七一パーセントが売れたことがわかる。散らしには、「区画整然、上下水道、街路樹、遊園地、魚釣池等完成、近く瓦斯も完備す」とあり、「特売中御買上の方に限り一口に付定期乗車券半ケ月分を贈呈す、六ケ月以内に建築着手の方には売価の五分を割戻致します、建築設計は無料にて御需《おもとめ》に応じます」と記されていた。価格は、「坪当り拾壱円より」となっていて、「南海土地建物株式会社、本社南海沿線高師之浜駅前、天美出張所大鉄沿線河内天美駅前」と書かれている。

「天美荘園住宅地」の「春季特売」が行われたのと同時期に、布忍駅前でも分譲地の売り出しが行われていた。『大阪時事新報』一九三八年三月三〇日付は、「布忍駅前の分譲地売出し」の見出しで、「大阪アベノ橋大丸土地建物株式会社（社長土井銀八氏）では、四月一日より向ふ十日間、大鉄の後援にて近時発展目覚ましき布忍駅前住宅地南花荘園五万余坪を坪八十銭よりといふ廉価にて分譲する」と報じている。

表17　大鉄河内天美駅・布忍駅・高見ノ里駅・河内松原駅の乗降者数

（単位：人）

年　次	河内天美駅	布忍駅	高見ノ里駅	河内松原駅
1934	429,412	514,603	186,249	630,084
1935	470,028	603,354	233,511	726,429
1936	527,899	663,060	264,806	1,055,833
1937	606,552	803,357	259,683	1,216,553
1938	734,733	1,135,131	499,558	1,671,228
1939	843,596	1,222,848	406,187	2,035,148
1940	1,573,383	1,493,857	317,025	2,303,303
1941	1,552,031	1,581,389	405,458	2,281,968

（注）　各年『大阪府警察統計書』から作成。

一九三五年前後の都市経済の回復・軍需工業の活況と、日中戦争の全面化による戦時景気の中にあって、大阪市に近くて交通至便、しかも「天空快濶なる」田園地帯で、「展望すがすがしく空気清澄」な松原市域の大鉄沿線に、郊外住宅地の開発が進められたのであった。

なお、表17は、大阪鉄道の河内天美駅・布忍駅・高見ノ里駅・河内松原駅の一九三四年（昭和九）から一九四一年（昭和一六）までの乗降者数を示したものである。これをみると、河内天美駅・布忍駅・河内松原駅では、一九三〇年代後半に乗降者数が毎年相当増加していたことがわかる。一九三四年の河内天美駅の乗降者数は四二万九四一二人、布忍駅は五一万四六〇三人、河内松原駅は六三万八四人であった。これが一九三八年には、河内天美駅で一・七倍の七三万四七三三人に、布忍駅では二・二倍の一一三万五一三一人に、河内松原駅では二・七倍の一六七万一二二八人に増加していた。一九四〇年にはさらに大きく増えていて、河内天美駅で一九三八年の二・一倍一五七万三三八三人、布忍駅で三八年の一・三倍一四九万三八五七人、河内松原駅では三八年の一・四倍二三

表18　松原村における織布工業と金網工業の生産額

年　次	織布工業	金網工業	その他	合　計
1937	3,572,500円 (38.0%)	2,178,300円 (23.2%)	3,646,800円 (38.8%)	9,397,600円 (100%)
1938	3,681,350 (37.3)	2,275,000 (23.1)	3,900,500 (39.6)	9,856,850 (100)
1939	3,652,450 (37.3)	2,198,750 (22.5)	3,935,000 (40.2)	9,786,200 (100)
1940	3,602,340 (37.3)	2,175,870 (22.5)	3,877,650 (40.2)	9,655,860 (100)
1941	2,602,240 (31.9)	1,978,070 (24.3)	3,566,030 (43.8)	8,146,340 (100)

（注）　『村ヲ町制ニ変更書類』から作成。

〇万三三〇三人であった。都市経済の活況と戦時体制への移行が、大阪市に近い松原市域の大鉄線各駅の乗降者数を増加させていた。

一九四〇年は、紀元二六〇〇年の祝賀により、大阪と橿原神宮を結ぶ大鉄が大量輸送を行った年であった。松原市域の町村からも、各種団体の橿原神宮への参拝や勤労奉仕が行われた。紀元二六〇〇年の大量動員が、一九四〇年の松原市域の大鉄線各駅の乗降者数にも少なからぬ影響を及ぼしたとみてよい。

織布工業と金網工業

表18は、日中全面戦争に突入した一九三七年（昭和一二）から、太平洋戦争が始まった一九四一年（昭和一六）までの五年間における松原村の織布工業と金網工業の生産額を示したものである。これをみると、松原村の織布・金網両工業の生産額は、この五年間のうちで一九三八年がもっとも大きく、その後次第に減少したことがわかる。

表19　1941年の松原村の織布工場と主な金網工場

（単位：円）

織布工場名	製品	生産額	金網工場名	製品	生産額
横山織布工場	厚司地	679,970	織谷金網工場	金網	500,000
小西織布工場	木綿	610,750	松井金網工場	金網	485,000
伊東織布工場	木綿	345,000	織谷桂金網工場	金網	450,000
西田織布工場	木綿	330,000	西田寅金網工場	金網	93,000
金田織布工場	木綿	344,100	田中金網工場	金網	79,000
中西織布工場	木綿	292,420	池田金網工場	金網	58,580
			芝池金網工場	金網	57,270
			出島金網工場	金網	50,500
			西田金網工場	金網	50,000
生産額合計		2602,240	生産額合計		1823,350

（注）　表18に同じ。

とくに一九四一年における生産額の減少は著しく、四〇年よりも金網工業で二〇万円、織布工業では一〇〇万円も減っている。松原村の工業生産総額に占める織布工業の割合は、一九三七年から一九四〇年までは、三八パーセントないし三七パーセントであったが、四一年には三二パーセントに低下した。織布と金網の生産額合計は、一九三七年から一九四〇年まで同村の工業生産総額のほぼ六割を占めていたが、四一年には織布生産額の減少により、五六・二パーセントに低下している。なお、織布・金網両工業以外の主な工場に、警防団等の制服や作業服を作るいくつかの裁縫工場や、ゴム引き防水布を製造するゴム工場などが、一九四一年の松原村に存在した。

表19は、一九四一年に松原村に存在した織布工場と金網工場を『村ヲ町制ニ変更書類』からあげたものである。織布工場には、横山・小西・伊東・西田・金田・中西という六工場があり、横山織布工場の生産額がも

っとも大きかった。一九三一年の『日本工業要鑑』(工業之日本社版)には、一九四一年の『村ヲ町制ニ変更書類』に記されていない次のような松原村の織布工場が掲載されている。

保田織布工場　紺木綿　一九〇八年(明治四一)一一月創業　職工三七人
田中織布工場　紺木綿　一九一三年(大正二)三月創業　職工四三人
吉村織布工場　紺木綿　一九一七年(大正六)一月創業　職工三〇人
石田織布工場　白木綿　一九一八年(大正七)一〇月創業　職工三九人
東織布工場　厚司木綿　一九一九年(大正八)一〇月創業　職工二四人

右の工場のうち、吉村織布工場は、『村ヲ町制ニ変更書類』には吉村靴下工場となっていて、靴下製造、生産額三六万円と記されている。大字阿保の吉村駒三は、第一次世界大戦後、紡績女工の靴下製造に着手し、織布工場を靴下製造へと転換させて成功した。第二次世界大戦後のゴム入り婦人ソックスの製造から、商標「コーマ印」の制定をへて会社が大いに発展した過程は、『吉村駒三の生涯』(一九五九年刊)に詳しく記されている。なお、前掲一九三一年の『日本工業要鑑』には、泉本織布工場(天美村)・池島久織布工場(天美村)・和田長織布工場(天美村)・川西常次郎織布工場(天美村)・道田織布工場(天美村)・高田織布工場(恵我村)・山田織布工場(恵我村)・中西織布工場(布忍村)・三宅織布工場(三宅村)といった松原市域に存在した織布工場が掲げられている。

ところで、松原市郷土史研究会報『かわち路』第四号(一九六七年八月)によると、松原市域の金網業が盛んになったのは、昭和初期と記している。一九三四年（昭和九）には、大阪市の松井金網会社が松原村大字阿保の平織金網工場を買収し、敷地二〇〇坪に機械織機五台、手織り機二〇台を設置して操業した。松井金網工業株式会社の『会社経歴書』は、「昭和九年七月、中河内郡、南河内郡及び奈良県に散在する工場を取りまとめ、金網発祥の地である現在の松原市に松原工場を建設す」と記している。河内木綿の産地であった松原市域に、機織りの伝統を生かした手織り機による金網製造が始まったのは、明治後期であった。松原市史編纂室の調査では、松井金網の工場が大字阿保に建設されたあと、松原市域の金網工業はいっそう盛況となり、戦前には市域の町村に一八軒の業者ができていた。戦後、松原市域の金網産業は大いに発展し、製造業者は約六〇に増えた。今日では、エレクトロニクスなど最先端技術の分野で用いられる世界最高水準を誇る金網も製造されている。

労働争議と小作争議

一九二二年（大正一一）一二月、原敬のもとで財団法人協調会が発足した。この会は、設立趣意書に「資本労働の協調は産業発達の第一義にして又社会の平和を保する所以なり」とあり、社会政策に関する調査研究と実行を期し、すすんで労資の協同調和の実現を意図するものであった。協調会は、大正・戦前昭和期の全国各地の労働争議に関する調査報告を収集した。現在、それが法政大学大原社会問題研究所に膨大な資料として、いろいろな形で保存されている。その中の松原市域に関する労働争議の報告書は、一九二八年（昭和三）の天美村大字我堂の「川西善三郎外三織布工場」の争議に関する記録である。争議期間は、同年五月二五日から六月三日の一〇日間、労働者数は男五九人、女一五九人、計二一八人となっていて、原因と経過を次のように記している。

　五月二十日、事業主ハ業界不振ナルヲ以テ、職工賃金値下ノコトニ意見一致シ、翌二十一日二十二日ノ両日ニ亘リ職工父兄ヲ招致シ懇談中、早クモ此ノ事実ヲ感知シタル職工等ハ二十二日正午ヨリ突如罷業ヲ断行セリ。

　於茲事業主及父兄ハ事ノ意外ニ驚キ、二十二日夜徹宵慰撫ニ努メタル結果、二十三日正午ヨリ復皈《ふっき》就業スルニ至タル。

　賃銀値下ノ根本問題ニ付テハ妥協成立セス。

　其ノ後労資交渉ノ結果、工賃一割値下シ、毎月十日間ノ休業ス（但シ一日ヨリ五日迄、二十五日ヨリ末日迄）トスルコトニ妥協成立、六月三日解決セリ。

右の記述から、父兄を説得して賃下げを強行しようとした雇主に対して、ストライキをもって対抗した若い女工たちの姿が浮かぶとともに、雇主と父兄の説得で事態が収束し妥協が成立してゆくところに、当時の女工の争議の様子がうかがえる。

　ところで、松原警察署の『沿革誌』は、大正末における三宅村と恵我村の小作争議を記録している。三宅村の争議については、次のように記している。

部内中河内郡三宅村ノ小作人ハ、大正十四年度ノ年貢五割減ヲ要求シ、地主ハ三割五分減ヲ主張シテ譲ラザリシモ、交渉ノ結果多数ノ小作人ハ三割七分五厘ニテ解決シタリ。然ルニ辻盤四郎外四十余名ノ小作人ハ毫モ譲ラズ、遂ヒニ争議トナリタリ。地主ハ興農会ナルモノヲ組織シテ、三宅村領ニ土地ヲ所有スルモノハ、反当リ十五円宛支出シ徹底的ニ小作人ト争フ準備ヲ為シ、白川明吉外二弁護士ヲ代理人トシテ大阪地才（ママ）并ニ堺区裁判所ニ出訴シ、大正十五年十月十一日、稲ノ将ニ熟セントスル秋、田地四町余ニ対シ立入禁止及稲ノ立毛仮差押ヲ執行セリ。然ルニ小作人ハ地主興農会ニ対抗スベク日本農民組合三宅村支部ヲ組織シ、仮処分ノ当日ハ長吉村出戸其他ノ同組合各支部ヨリ多数ノ応援ヲ受ケテ気勢ヲ揚ゲ、其形勢不穏ナルヲ以テ当所ハ増田監察課長宮野特高課長及河地岡田両警部ノ出張ヲ求メ、市内各所ヨリ百六十余名ノ応援ヲ受ケ、取締警戒ニ努メタル結果、事ナキヲ得テ仝年十二月十一日無事解決セリ。

恵我村の小作争議については、次のように記している。

部内中河内郡恵我村大字別所ノ小作人津村新次郎外約八十余名ハ日本農民組合別所支部ヲ組織シ、地主中山潔外十余名ニ対シ大正十四年度ノ年貢五割減ヲ要求シ、地主ハ四割減ヲ主張シテ争議トナリ、地主ハ大阪市東区京橋二丁目柏井弁護士ヲ代理人トシテ大阪地才（ママ）并ニ堺区裁判所ニ出訴シ、大正十五年五月八日、突然田地三町余ニ対シ立入禁止ノ仮処分ヲ為シタリ。依ツテ小作人ハ日本農民組合大阪府聯合会及三宅村同支部其他ノ応援ヲ得テ其形勢不穏ナルヲ以テ、当所ハ八尾署其他ヨリ七十余名ノ応援ヲ受ケ取締警戒ニ従事シタル結果事故ナカリ、争議ハ自然休止ノ状態ニナリタルモ解決ニ至ラズ、地主ハ仝年十月十四日更ニ田地二町余ニ対シ立入禁止并ニ稲立毛仮差押ノ処分ヲ執行シタル為メ、小作人ハ再ビ日本農民組合府聯合会及近接各支部ノ応援ヲ受ケ其形勢容易ナラザルモノアルヲ以テ、当所ハ八尾其他四署ヨリ七十余名ノ応援ヲ受ケテ取締警戒ニ従事シ、警察部ヨリ岡田薬師寺両警部佐藤稲葉両警部補等出張セラレタル結果、大事ニ不至同年十一月末無事解決シタリ。

右の二つの記録は、大正末における松原市域の小作争議の概要を伝えるとともに、争議に対する警察の対応が語られていて注目される。

2 戦時下の町村

銃後の美談

一九三七年(昭和一二)七月七日の盧溝橋事件は、日中全面戦争の発端となった。七日夜、北京(当時は北平《ペーピン》)郊外の盧溝橋の近くで夜間演習を行っていた日本軍の中隊長が実弾発射音を聞き、ただちに部隊を集合させたところ、兵士一名が行方不明となっていた。この兵士は、二〇分後に無事帰隊したが、日本軍は大隊を出動させて戦闘隊形をとった。八日未明、ふたたび中国軍陣地方面で銃声がした。日本軍の伝令二人が帰隊すべき中隊を見失い、中国軍陣地付近をうろうろしていて、射撃されたのだという。日本軍は、夜明けをまって中国軍陣地を攻撃した。

盧溝橋付近での戦闘は、九日にも一〇日にもくりかえされたが、一一日に現地の日本軍と中国軍とのあいだに停戦協定が成立した。ところが、同じ一一日に近衛文麿内閣は華北派兵を声明し、挙国一致を呼びかけた。この日政府は、日中両軍の衝突を「北支事変」と命名した。七月二八日には華北の日本軍が総攻撃を開始し、日本は中国との全面戦争に突入した。九月二日、政府は「北支事変」を「支那事変」と改称した。

松原尋常高等小学校の『沿革誌』には、「七月末日ヨリ応召兵〇〇名ヲ送ル」とあり、八月二〇日「本校ニ於テ国防婦人会発会式挙行」、九月一三日「出征軍人武運長久祈願ヲ誉田八幡宮ニテ挙行、全職員早朝参列」と記されている。一二月一一日の条には、「南京陥落旗行列及神社参拝」と書かれている。日本軍が南京城内に突入したのは、一二月一三日だったから、実際の占領の二日前に祝賀行事の旗行列があったことがわかる。どの新聞も南京占領の報道を急ぎ、南京城外での戦闘中に、はやばやと占領したと報じたために、二日も早く旗行列が行われることとなったのであった。一三日の南京占領後数日の間に、日本軍は大虐殺事件を引き起こした。

当時、日本国民のほとんどは、世界情勢を正確に把握できる情報を与えられていなかったし、日中両軍衝突の真相も知らされていなかった。政府の声明やマスコミの報道のままに、日本軍に刃向かう「支那軍の暴戻《ぼうれい》を膺懲《ようちょう》」するのだと信じて、侵略戦争にのめり込んでいった。

戦争は、まもなく松原村出身の兵士たちの生命を奪っていった。一九三七年九月一〇日、大字上田の森本信道一等兵が、中国江北省で頭部貫通銃創のため戦死した。次いで一〇月六日に、大字阿保の山田貞男伍長が戦死した。翌一九三八年四月一六日には、大字新堂出身の浅田平八郎上等兵が中国山西省安沢県で戦死し、七月九日には大字阿保出身の宮崎正二一等兵が中国河北省石家荘第八兵站《へいたん》病院で戦病死した。浅田上等兵は満二七歳、職業は自動車運転手、養母と妻がいた。宮崎一等兵は満二五歳、小作農家の長男で、父母と二人の妹がいた。一九三八年九月七日、松原小学校の校庭で浅田上等兵らの村葬が執行された。その後も松原村出身の兵士に戦死者が相次ぎ、小学校の校庭で村葬が行われた。一九三七年当時の松原村の人口は約六千人、三宅村ではその三分の一の二千人余りにすぎなかった。田畑の中に点在するのどかな市域の村々から、多くの兵士が村人の歓呼の声に送られて次々と出征していった。

『大阪朝日新聞』一九三七年九月二六日付朝刊は、「勇士の家の護り　青年団が注文取り　不幸を劬《いたわ》る隣人愛」の見出しで、前日二五日の朝に、三宅警察署情報係に集まった「銃後美談」を二つ取り上げ、次のように報じていた。

中河内郡三宅村綿商高橋良一さんは、このほど応召したが、後に残された妻しまさん（三十年）が三人の幼児を抱へて家業を守るといふ健気な覚悟を聞きつたへて感激した三宅青年修養団では、団長の三宅小学校訓導小林彰氏らの発案で、良一さんの出征の翌日から毎夜二人づつ交代で主なき店のため、注文取りから配達にいたるまで、甲斐々々しく立働いてゐる。

また、同郡松原村新堂の自転車修繕業伊藤千松さんも出征した。本年四月ごろから病床にあつた妻まつゑさん（三十年）は、「家業は私の弟がみてくれるから、決して案じて下さるな」と、健気な言葉を夫の壮行のはなむけとしたが、まつゑさんの病状はその後悪化、さる十五日防空演習の最中、息を引取つてしまつた。二人の幼子は、親戚の人や近所の人々の同情に温く養はれてゐるが、故人の遺志により戦地の千松さんには、この悲報は知らしていないといふ。

右の記事にみられるように、銃後の美談には、実は悲しい話が多かった。勇ましい掛け声の片隅で、一家の働き手を戦地に取られた応召兵の妻や子は、苦しい生活にじっと耐えねばならなかったのである。なお、記事中の三宅青年修養団は、村の青年を指導する立場にあった三宅小学校訓導小林彰の呼び掛けで、一九三五年八月一日に、「大日本帝国公民トシテ恥ヂザル人タランコト」を誓って結成された団体であった。この修養団が、日中戦争の全面化にともなう応召兵の増加のなかで、既設の村の青年団の活動とは別に、働き手を取られてとくに困っている家族に対する援護活動を始めていたのである。

『大阪朝日新聞』一九三七年一一月九日付朝刊は、「中河内郡三宅村では、七日早朝、郷軍、青年団、女子青年団の全員百八十名が屯倉神社に集合、祈願祭を行ってのち三班に分れて出征勇士留守宅の稲刈りを行った」と報じ、三宅村での当日の「稲刈り奉仕」の写真が掲載されている。三宅村の女子青年団は、この年結成されたばかりであった。翌一九三八年六月には、同村の男女青年団が出征軍人留守宅の芋掘り奉仕を行ったという資料が存在するから、働き手を戦地に取られた応召兵の家族に対する労力奉仕、援護活動は、おもに村の男女青年団によって実行されていたことがわかる。この場合、いずれも田畑に日章旗を高々と掲げることによって、戦時下農村の士気高揚に役立てられた。

国家総動員体制

一九三七年（昭和一二）九月九日、政府は内閣告諭と訓令をだして、挙国一致・尽忠報国・堅忍持久を目標とする国民精神総動員運動を開始した。初期には、日本精神発揚・敬神思想発揚などの精神運動が中心だったが、戦争の長期化にともなって献金・献品・国債応募・貯蓄奨励・物資愛護などの運動も行うようになった。

大阪府では、九月一〇日の文部、内務両省の「国民精神総動員実践事項」「総動員に関する地方実行委員会要項」をうけて、九月二一日に運動方針、実施機関、実践細目など具体的要項を決定し、二四日に府庁で大阪府実行委員会を開催した。大阪府実行委員会は、府知事のほか各部部長、大阪市長、同市助役、堺、豊中、布施、岸和田各市長、第四師団司令部、大阪海軍監督官事務所その他軍部代表、大阪商工会議所代表、大阪朝日新聞社および大阪毎日新聞社社長、教育家、宗教家、社会事業家、実業家各種団体代表者を網羅した総数八〇人の大委員会であった。この委員会において、大阪府の具体的実施計画を樹立し、実践の普及徹底を図ろうというのであった。二四日の委員会では、大阪府総務部長、大阪市助役、府会議長、大阪実業組合連合会長ら五人で構成される特別委員会が組織された。ここで、大阪府が委員会に指示していた実践細目が検討され、吟味確定ののち官庁、学校、会社、銀行、工場、商店その他各種団体を総動員し、町内、村落、職場ごとに協議会、講演会、懇談会などを開き、精神運動を展開することとなった。ほかに、府庁職員から約八〇人の指導員を選抜して、府内各地に派遣し、パンフレット、ポスター、懸垂幕、映画、レコード、ラジオを利用した大々的宣伝に乗り出した。九月二六日には、一一日の日比谷公会堂における国民精神総動員大演説会に続く、政府主催の大演説会が中之島公会堂で開催された。『大阪朝日新聞』九月二七日付は、その模様を「銃後・任愈《にんいよいよ》重し　産業都人の覚悟」という見出しで次のように報じた。

政府主催国民精神総動員大演説会の地方における第一声は、二十六日午後六時半より大阪中之島中央公会堂において力強く挙げられた。あたかも前夜には皇軍戦捷《せんしょう》祝賀の市民大提燈行列が行はれたところとて、聴衆の熱狂物凄く、定刻前二時間にしてはやくも五千を超え、銃後を護る産業都人鉄桶《てっとう》の覚悟を閃《ひらめ》かせた。かくて政府より派遣の商工大臣吉野信次氏、外務参与官船田中氏、大蔵参与官中村三之丞氏の各弁士をはじめ勝田内務次官、清水文部書記官、池田知事、坂間市長、楠本阪大総長、片岡第四師団外事部長ら出席、市音楽隊の前奏に次いで池田知事まづ壇上に起ち、「わが国経済の中枢である当大阪において地方演説会のトツプをきつたことは、四百万府民の名誉であるとゝもに、ます／＼尽忠報国の誠を致さねばならない」と開会の辞を述べ、それより宮城、伊勢神宮を遥拝、国歌斉唱のゝち、船田外務参与官は「支那事変と列国の動向」と題して、今回の事変を契機とする列国の与論と政府の動きを詳述し、ソ連の軍備を解剖したのち、思想には思想をもって対抗すべきであるとて、赤化排撃の日本精神の根本義に触れ、日独伊防共協定の生れる日も遠くあるまいと論じ、万雷の拍手を浴びた。続いて吉野商工大臣は「時局と経済人の覚悟」の演題下に、「戦争の勝敗を決する重要問題は、物資の潤沢と軍事資源如何による、わが国はすでに今日まで七億六千万円の輸入超過がある、ゆえに輸入の制限、消費の節約によって諸君のご辛抱を願ふほか、この際特にお願ひしたいのは、この大阪を中軸としてもっと積極的に貿易振興をはかり、かつ代用品工業の隆昌を企てたいと思ふことである」と、約二十分にわたり熱弁を揮った。なほ、本講演はＢＫのマイクで全国に中継放送されたが、最後に中村大蔵参与官は「戦時体制下の財政と経済」と題し、「支那事変は国家総動員の戦争を表徴するものである、しからば事変に対するわが国の財政的基礎如何？」とて、さすがに専門の立場から全国民の協力を切望した。かくて吉野商相の発声で万歳を三唱、遠く皇軍将士の武運長久を祈り坂間市長閉会の辞を述べたが、一たん小憩してさきに日比谷公会堂において近衛首相、馬場内相、安井文相らがこもごも起って全国民に愬《うった》へた大演説会の模様を収めたトーキーや事変ニュース映画を映写し、多大の感銘を与へ、同九時すぎ意義深き大会の幕を閉ぢた。

松原尋常高等小学校の『沿革誌』には、国民精神総動員運動が開始された翌一〇月のところに、一三日から一九日まで国民精神総動員強調週間に参加したと記されている。一九三八年度の松原村決算書をみると、歳入決算の府補助金の項目のなかに国民精神総動員補助二七円と書かれている。歳出決算では、国民精神総動員費一〇〇円二三銭となっていて、その内訳として「勤労奉仕ビラ外三回三一円八〇銭、諸用紙三〇円三〇銭、宣伝ビラ七円三〇銭、武運長久祈願三〇円八三銭」と記されている。翌一九三九年度の国民精神総動員費の歳出決算額は一二五円、内訳は「体力章検定委員立会人一人手当二円此金三〇円、金保有調査員一一人、一人一円此金一一円、労務動員担当員手当六人、一人五円此金三〇円、諸用紙代一二円、其他雑費四二円」であった。

ところで、一九三八年（昭和一三）四月一日には、強力な戦時立法としての国家総動員法が公布された（施行は五月五日）。これによって、政府は「国防目的達成ノ為国ノ全力ヲ最モ有効ニ発揮セシムル様人的及物的資源ヲ統制運用」するという絶大な権限をもつにいたった。一九三九年四月には米穀配給統制法が公布され、七月には国民徴用令が公布された。同年一〇月価格等統制令公布、一九四〇年六月砂糖・マッチの切符制開始と、戦時経済統制が強化されていった。こうして国家総動員体制がつくられていくなかで、松原市域の村々も戦時色に塗られていった。なお、松原警察署『沿革誌』は、「昭和十五年三月十三日警親第九九〇号ノ一ヲ以テ、国家総動員法ニ基ク価格賃金等引上禁止ニ伴ヒ之ニ関スル事務ハ甚シク増加ヲ見ルニ至リタルヲ以テ、経済保安係巡査部長一名、巡査一名、工場係巡査一名増員配置アリタリ」と記している。

警防団と防空訓練

一九三九年（昭和一四）一月二五日に警防団令が公布され、四月一日から施行された。これによって、従来の消防組は改組され、市町村に防空・水火消防その他の警防に従事する警防団が設置された。松原市域でも、村ごとに警防団が結成され、その下にいくつかの分団が置かれた。分団は、大字を単位とすることが多かったが、状況によっては大字をさらに分割した分団とする場合があった。

一九三九年結成時の松原村警防団は、一三分団一〇四人の団員で組織された。同年の松原村歳入歳出決算書によると、分団長の手当は一人年額一二円で一三人の手当の合計は一五六円、団員手当は一人年額二円で一〇四人の手当合計は二〇八円であった。ほかに、一人一円の出張手当が延べ一二〇人に支給されており、手当としての支出合計は四八四円であった。一九三九年度の松原村の「警防費」は、八九一円五七銭だったから、手当としての支出は全体の五〇パーセント以上を占めていた。この年の防空演習は三回、「予行演習」を含めた弁当代が一二〇円七〇銭、ほかに演習諸費として八四円が支出されている。松原村警防団の団旗作成費用は、三六円三五銭であった。なお、一九三九年度に松原村に支給された警防団国庫補助金は一一五円、府補助金は四〇九円であった。

一九四二年度の松原村歳入歳出決算書では、警防団に支出された費用は、「防衛費」の名でまとめられていて、支出合計は二七一八円六三銭と記されている。これは、一九三九年度のほぼ三

天美村警防団、松原市提供

倍である。このうち、単に「手当」として支出された金額は五五二円であり、その内訳は「団長一人年手当六十円、副団長二人年手当三十円此金六十円、分団長十一人一人年手当十二円此金百三十二円、団員百人一人年手当三円此金三百円」であった。また「出場手当」として一二〇円、「整備手当」として五七六円の支出があったと記されている。「備品費」としては、五九七円八一銭が支出されていて、その内訳は「警防梯子《はしご》二十円、鉄兜代二百十円、団員門標十九円五十銭、四インチ吸水管百五十円、自動車修繕費百三十八円十銭、其他備品六十円二十一銭」であった。松原村警防団の装備が、「備品費」の内訳費目から部分的にうかがえる。一九四〇年の松原村財産報告書には、「松原村有財産」として消防自動車一台があげられている。

一九三九年にも四〇年にも、松原村警防団には一三分団が存在したが、四二年には一一分団となり、団員は若干減少した。分団長と団員は、三宅警察署長によって任命された。警防団長と副団長は、大阪府知事の任命であった。一九四二年四月の松原村の「村ヲ町制ニ変更書類」には、松原村警防団は、「人的物的資材ノ充実ヲ図リ、十一分団ニ分チ水火消防防空業務ニ時局下銃後警防ノ完璧ヲ期スルト共ニ、防火防空思想ノ普及徹底ニ努メツツアリ」と記されている。だが、戦争の進展とともに軍隊に召集される者が増え、質量両面での弱体化はいなめなかった。

一九四四年には、布忍村警防団と恵我村警防団の自動車ポンプ二台が、大阪府に献納された。松原警察署の『沿革誌』によると、自動車ポンプの献納は、「緊迫セル現下ノ要請ニ基キ、国家ノ生産源タル大阪市ソノ他軍需大工場等ノ防衛強化ノタメ、之ニ消防力ヲ結集セントスル」大阪府の方針に従ったものであった。これを機に一九四四年二月一〇日、三宅警察署管内八か町村(松原町・布忍村・天美村・三宅村・恵我村・長吉村・瓜破村・矢田村)の「全消防機能ヲ打テ一丸トスル」目的で、三宅警察署長を隊長とする三宅消防隊が結成された。消防隊本部は三宅村に置かれ、三台の自動車ポンプを本部の常備とした。本部には二人ずつ隔日交替勤務の有給勤務員四人を置き、さらに補助員五人が配置された。管内各町村警防団は支隊とされ、警防団長が支隊長となった。支隊長は、隊員=警防団員を率い、消防隊本部に結集された常設消防機能と一体となって、防空および「消防ノ完璧ヲ期スル」ものとされた。三宅消防隊の結成は、戦争末期における警防団の機能低下を補強しつつ、警察の補助組織としての警防団の性格をいっそう強めようとしたものといえる。

戦時下の松原村財政

日中戦争が全面化すると、政府は急増する軍事財政を確保するために、地方財政の緊縮方針を

表20　松原村の歳入歳出決算額

年　度	歳　入	歳　出
	円 銭	円 銭
1936	64,994.72	52,847.53
1937	58,591.47	45,334.09
1938	56,763.91	47,847.07
1939	64,121.91	53,829.02
1940	53,568.54	40,420.74
1942	79,605.99	76,253.82

（注）1937年、38年、39年、40年、42年の各年度の「歳入歳出決算報告書」と、「既往十ケ年間ニ於ケル財政状態調」（1942年）から作成。1941年、43年、44年、45年は不明。

とった。しかも地方行政においては、警防・軍人援護・軍事教育などの戦争関係の国政事務費が増加したために、地方財政はますます窮屈になった。

表20は、一九三六年（昭和一一）から一九四二年（昭和一七）の松原村の歳入歳出決算額を示したものである。これをみると、一九三七年から一九四〇年まで財政規模が縮小していることがわかる。一九三九年は、三六年とほぼ同じ決算額であったが、三年間の物価上昇を考慮すると、財政規模は縮小しているとみてよい。ところで、一九三七年から歳出費目のなかに事変費が新たに加わった。これは応召兵の餞別、戦死者の公葬費、弔慰金などに要した費用で、一九三七年は三五四七円五〇銭、三八年には四四九九円六三銭に増加した。一九三八年からは、軍人援護相談所費が新しい費目として登場している。国民精神総動員費の支出が始まったのも一九三八年からであった。三九年からは警防費が加わり、年を追って増加した。青年学校費は、教練の普及徹底をねらった男子義務制の実施にともない、一九三九年以降急増した。防空演習費は、一九三七年に一九六円二〇銭、三八年に一八四四円三五銭が臨時歳出として支出されたが、三九年以降は経常歳出の警防費のなかで支出されるようになっていった。一九四二年には、警防費が防衛費の名に変えられ、支出が増大

していたことはすでに記した。またこの年には、町常会費、物資配給費、金属特別回収費などの支出費目がみえる。戦争の激化によって、村財政全体が圧迫されていたことがわかる。

政府はこのような自治体財政の貧困化に対して、一九三六年度以降、臨時地方財政補給金制度を実施していたが、一九四〇年三月の新地方税法の公布による財・税制の改革において、補給金の恒久的制度化を図った。それが地方分与税制度であり、還付税と配布税に分かれていた。このうち市町村に関係のある地方分与税配布税というのは、国税である所得税および法人税の一七・三パーセントと入場税および遊興飲食税の五〇パーセントとの合計額を、府県に六二パーセント、市町村に三八パーセントの割合で分与するものであった。配布税は、各市町村の課税力・財政需要・特別の事情の三点を基準として分与されたが、一定以上の税収をもつ市町村に対しては一部または全部が分与されないことになっていた。

松原村では、表21のように一九三七年から三九年までの三年間、六四〇〇円から八〇〇〇円程度の臨時地方財政補給金が交付されていたが、地方分与税制度が施行された年の一九四〇年には松原村への配布税の交付はなかった。一九四一年度の決算報告書は現存しないので、この年に配布税の交付があったかどうかわからないが、四二年には三三七二円交付されている。

表21　松原村の財政補給金と配布税額（決算）　（単位：円）

年度		交付額
臨時地方財政補給金	1937	6,612
	1938	6,418
	1939	8,036
地方分与税配布税	1940	0
	1941	（不明）
	1942	3,372

（注）松原村各年度「歳入歳出決算報告書」から作成。

新地方税法が施行された一九四〇年と、施行前の三九年の松原村の税収入を比較してみると、三九年の税収入が二万六八五一円三九銭であったのに対して、四〇年の税収入は三万一七七九円一〇銭だったから、四〇年には前年より四九二七円七一銭の増収となっていた。だが、両年の歳入総額をみると、一九三九年が六万四一二一円九一銭であったのに、四〇年には五万三五六八円五四銭となっていて、一万五五三円三七銭も減少している。つまり、一九四〇年には約五〇〇〇円の税収の増加があったのに、歳入総額が一万円以上も減ったのである。この歳入減の原因の一つは、四〇年に地方分与税配布税が同村に交付されなかったために、三九年に交付されていた臨時地方財政補給金八〇三六円がそっくりそのままなくなったことであった。今一つの原因は、三九年まで交付されていた義務教育費下渡金が、四〇年からなくなったことによるものであった。三九年に松原村に交付された義務教育費下渡金は、七九五九円四五銭であった。この下渡金がなくなったのは、四〇年から小学校教員の給料が府県の支弁となったからであった。

一九三九年の松原村の歳出決算額は、約五万四〇〇〇円であった。このうち四四パーセントの二万三五二九円四七銭が小学校費で、その七割以上が教員の給料で占められていた。一九四〇年には、小学校教員の給料を村財政から支出しなくてもよくなったので、この年の小学校費は八四八六円七八銭に減少した。こうして、四〇年には歳入歳出ともに決算額が大幅に減少したのであった。

一九四〇年は、配布税が交付されなかったことでもわかるように、松原村の財政状態は、悪くないとみられていた。税収入が三九年より四九二七円七一銭増加していたからであろう。ただし、この年の松原村の税収入には、旧法による税収入、すなわち一九三四年から一九三九年までの滞納繰り越し分の三二九六円六四銭が含まれていた。この税収があったことや、小学校費の大幅な支出減少などから、一九四〇年には配布税が交付されなかったものと思われる。しかし、一九四二年には、国政委任事務の急増にともなう役場吏員の増加や、さまざまな戦争関係費の増大、さらには物価上昇のなかで、歳入額約八万円歳出額七万六〇〇〇円という財政規模の膨張を示し、配布税の交付を受けるようになっていた。

太平洋戦争の勃発

一九四一年（昭和一六）一二月八日、日本軍のマレー上陸作戦開始とハワイ真珠湾攻撃によって、太平洋戦争が始まった。八日の真珠湾攻撃と一〇日のマレー沖海戦で米英の海軍に打撃を与えた日本軍は、東南アジア諸地域への迅速な侵攻とあいまって、太平洋の制海権・制空権を一挙に掌握した。年が明けて一九四二年一月二日にマニラ占領、二月一五日シンガポール占領、三月八日ラングーン占領と続き、三月九日にはジャワのオランダ軍が降伏した。国民は緒戦の勝利に熱狂し、政府や軍部もそれに酔いしれた。

松原尋常高等小学校の『沿革誌』には、一九四一年一二月一三日に「米英撃滅必勝祈願ノタメ柴籬《しばがき》神社ニ参拝ス」と記されている。その前月の一一月一一日には、「松本利一郎軍曹ノ村葬ヲ行フ」とあり、一九四二年二月五日には「浅田瀧雄上等兵ノ村葬」が行われている。松本軍曹も浅田上等兵も中国戦線における戦没者であった。松原村の戦没者名簿には、一九四一年だけで六人の名が記されている。大陸戦線で戦死者が続出しているなかで、日本は新たな大戦争に突入していったのである。

『沿革誌』には、浅田上等兵の村葬の記述に続いて、二月六日「女子師範学校小笠原教諭、本校武道ノ視察ヲセラル」、二月一一日「紀元節拝賀式挙行」、二月一八日「新嘉坡《シンガポール》陥落祝賀式及旗行列ヲ行フ」とあり、三月一二日「大東亜戦争第二次奉祝校内体育会ヲ行フ」と記されている。四月になると、入学式や教員移動の記述のあと、八日「大詔奉戴日ニ付詔書奉読式ヲ行フ」とあり、一八日「午后二時半空襲警報発令、全職員ニテ警戒ニ当ル」、一九日「午后零時二十分空襲警報発令、午后三時解除」、二一日「午后四時三十分空襲警報発令、午后五時三十分解除」と記されている。四月一八日には、米空母ホーネットを発進したドゥリトル中佐の率いるB25一六機が、東京・横浜・名古屋・神戸などを空襲した。一八日の空襲警報発令は、米軍機の日本本土初空襲に対して出されたものであったが、空襲後の一九日と二一日にも続いて空襲警報が発令されていて、一八日のドゥリトル隊による奇襲の衝撃のほどがうかがえる。

なお、太平洋戦線での松原村の最初の戦死者は、一九四二年五月一七日にマニラマッキンレーで戦死した大字阿保の坂口武三上等兵であった。坂口上等兵が戦死して一〇日後にあたる五月二七日には、松原小学校で海軍記念日の講話があった。その一週間後の六月五日に、太平洋戦争の戦局を転換させたミッドウェー海戦が戦われていた。戦線の拡大と戦局の悪化にともない、松原村の戦死者はアジア・太平洋全域にひろがり、その数は急増していった。

旧松原町役場、松原市提供

松原町の戦没者

戦後三五年経った一九八〇年（昭和五五）の春、松原市社会課の書庫から旧松原町の「戦没者名簿」二冊が見付かった。一冊の表紙には、「大正九年調製　明治二十七八年役以後戦病死者名簿」と記され、他の一冊には「昭和十七年起　戦傷病死者名簿」と書かれていた。この二冊の綴りを見ることによって、戦争の犠牲となった松原町の人たちの氏名を知ることができる。名簿には、日清戦争三人、日露戦争三人の名に続いて、日中戦争と太平洋戦争の戦没者二六三人の氏名が記されている。松原村に町制が実施されたのは、一九四二年（昭和一七）七月一日であり、このときの人口は八五〇〇人、戸数は一八三〇戸であった。

日中戦争と太平洋戦争の戦没者の記録は、名簿綴りの記載状態からみて、役場の書記が戦死または戦病死の通知を受けるたびに書き加えていったものと

表22　松原町の戦没者数と各遺族代表者の続柄別人数

（単位：人）

年次	戦没者数	遺族代表者の続柄別人数				
		父	母	妻	その他	不明
1937	2		1	1		
1938	3	2	1			
1939	7	4	2	1		
1940	4	2	1	1		
1941	6	3	2	1		
1942	7	5	1		1	
1943	12	7	2	2	1	
1944	101	44	10	28	13	6
1945	96	41	14	21	4	16
1946	7	2	2	2	1	
不明	18	4	2	4	7	1

（注）　松原町の「戦没者名簿」から作成。

思われる。役場への死亡通知の発信元は、戦前にあっては大阪聯隊区司令官・呉海軍人事局・中部第二八部隊などであり、戦後は大阪地方世話部・呉地方復員局・大阪府知事などであった。名簿には、死没年月日、死亡区別、兵種官等級、生年月日、所属部隊、現住所、本籍、遺族氏名と戦没者との続柄などの記載欄がある。日中全面戦争が始まってまもなくのころは、戦没者の家族関係や職業などが詳しく記載されていたが、しだいに簡略化され、やがて記入されなくなった。太平洋戦争中の戦没者の名簿は、綴じられた用紙の半分を過ぎると、所属部隊欄の空白が目立つようになり、最後に綴じられた一一人は、戦没者の氏名と遺族氏名を記しているだけであり、死没年月日も死没場所も書いていない。名簿には二六三人の戦没者のほかに、いったん記入したのち赤ペンで抹消されている二人の氏名がある。一人は一九四五年四月一〇日「ニューギニア島ダクマ」で戦死となっていたが、「本人生還」と記して抹消されている。いま一人は、一九四五年八月一日「比島スール群島ホロ島ダホ山」で戦死と書かれていたが、のちに「誤報ニ付取消」として斜線が引かれている。なお、名簿の紙質は、後の方に綴じられているものほど粗悪である。

表22は、一九三七年以降の戦没者数と各遺族代表者の続柄別の人数を示したものである。これをみると、一九四四年に戦没者が急増していることがわかる。翌一九四五年と合わせると、全体の約七割一九七人が両年に集中していて、戦局の悪化を物語っている。しかもこの両年には、妻帯者の数が著しく増加し、年齢の高さがうかがえる。また、名簿には、終戦後現地で戦病死した七人の氏名が記されている。

戦没者二六三人の死没場所は、中国六〇人、フィリピン六二人、南洋諸島五八人、ビルマ一三人、マレー・インドシナ地域四人、その他の地域四三人、不明二三人であった。また、陸軍軍人一九三人、陸軍軍属一人、海軍軍人三五人、海軍軍属七人、不明二七人であり、うち戦死一六九人、戦傷死二人、戦病死六六人、生死不明五人、不明二一人となっていて、戦争の苛烈だったことがうかがえる。

3　松原市域への空襲

三宅村への投弾

太平洋戦争末期の一九四四年（昭和一九）一二月一九日に始まり、翌一九四五年八月一四日に終わる大阪府域への空襲は、ボーイングB29爆撃機一〇〇機規模以上による大空襲八回を含めて約五〇回を数えた。このうち、一九四四年一二月一九日の最初の空襲と、一九四五年六月一五日の空襲によって、大阪市南部に近接する松原市域の村々に被害が生じた。ここでは、この二度の松原市域への空襲にともなう被害の実態を明らかにするとともに、同市域に存在した高射砲陣地についても論及したいと思う。大阪への空襲については、小山仁示著『改訂大阪大空襲――大阪が壊滅した日』（東方出版刊、一九八九年）を参照した。

一九四四年の六月と七月に、マリアナ諸島のサイパン、グアム、テニヤンに次々と米軍が上陸した。七月七日には、サイパン島の日本軍守備隊が玉砕し、一一日後の七月一八日に東条英機内閣が総辞職した。八月三日にはテニヤン島守備隊が玉砕し、一〇日にはグアム島守備隊も玉砕した。米軍はこれらの島を占領したあと、日本本土空襲のための飛行場建設を急ピッチで進めた。

マリアナ基地を発進したB29が、日本本土上空に初めて姿を見せたのは、一九四四年一一月一日であった。この時侵入したB29一機は、一万メートルの高高度から悠々と東京を偵察して飛び去った。同月二四日には、B29多数機が東京を爆撃した。

大阪への空襲は、一九四四年一二月一九日の中河内郡三宅村（現・松原市）と瓜破村（現・大阪市平野区）へのB29一機による爆弾一八個の投下が最初であった。投弾の翌日一二月二〇日付で、大阪府知事から内務大臣、中部軍司令官など関係各機関へ報告または通報された文書「空襲被害状況ニ関スル件」によると、投弾時刻は一九日午前一時四五分ごろとなっていた。中部中地区（阪神地方）の警戒警報発令時刻は午前一時四五分（解除二時一一分）、大阪警備府管区の警戒警報発令時刻は、午前一時四六分（解除二時一五分）と書かれている（小山仁示編『大阪空襲に関する警察局資料――小松警部補の書類綴より』I、松原市史編纂室、一九七六年）。これをみると、中部軍管区司令部は、投弾されたので急遽警戒警報を発令したものとみられる。警備活動状況についての記述部分には、投弾後に被弾近いと判断した三宅警察署長が、「宿直員ヲ以テ作戦室」を開設し、「其ノ後警報発令ニ依リ管内居住者ノ参集員ヲ以テ警備態勢ノ整備」に努めたとなっている。なお、同文書によると、投弾によって生じた漏斗孔は、深さ〇・九メートル、幅三・三メートルないし一・三メートルで、五〇キロないし一〇〇キロ爆弾が投下されたものと判定されていた。爆弾の落下地点は、三宅村北西部および瓜破村南部の田畑と大和川の川床であった。

　この空襲について、『朝日新聞』一九四四年一二月二二日付は、「敵機大阪近郊に初投弾　備へよ。次の反復来襲　武装は堅固に洩すな灯火」の見出しで次のように報じていた。

> 敵機は卑怯にも去る十九日未明、大阪近郊へこつそりと侵入、盲爆して遁走《とんそう》した。もと／＼逃げ腰の敵機だ。目標などおかまひなしで撒いた敵弾はそつくり田圃《たんぼ》へ落下、深夜のこととて音響ばかりは相当広範囲に轟き、大阪市内の一部にまで響いたが、被害は音ほどもなく大根や菜ツ葉を吹ツ飛ばした程度だつた。来襲と同時に近くのお百姓たちは水も漏らさぬ対空陣を布き、警察署や警防団に報告するなど極めて沈着、迅速な活動を展開したが、いさゝかも動じぬ〝戦ふ府民〟の冷静さは敵が狙ふ神経戦術を見事に粉砕した。わが生産都大阪を狙

ふ敵機の跳梁《ちょうりょう》はいよ〳〵本格化してきたことは、投弾こそしなかったが、十八日白昼の来襲につぐ翌未明の来襲をみても決定的なものとなってきた以上、反復波状空襲に備へる市民の心構へはいまさらいふまでもなく十分にできてゐようが、戦ふ市民の塹壕《ざんごう》である防空壕の強化はよいか、盲爆現場付近の人々は初の体験を生かしてさらに補強に汗してゐる戦訓を銘記しよう。

この日の敵弾は文字通りの盲爆だったが、大阪近郊としては、〝初の敵弾〟であるだけに、この一農村の体験はまだ一度も敵弾の洗礼をうけぬ府、市民にとって、〝尊い戦訓〟を示してゐる。

敵機の来襲は都市に限らない。農村とて鬼畜の米機は容赦せぬことは、この事実が立証した。灯火管制や待避壕その他防空施設は、農村とても断じて怠ってはいけない。

今回の深夜の投弾は、おそらく灯火の漏れてゐるのを目標にしたのではないかといはれてゐる。特に工場の漏火が狙はれることは、これまでの戦訓にしば〳〵あった。防空を忘れて生産はありえないのだから、深夜作業にも完全に管制できる施設が大切だ。

敵弾の弾片は相当遠くまで飛散する。鋭利な剃刀の刃のやうに尖った破片から身を護るためには、是非とも鉄兜、頭巾、肩当てなど、すべては形式的なものでなく、頑丈に鎧《よろ》ふこと。

爆風は爆弾によって異なるが、水平に拡がるのは範囲も多く被害も大きい。これに備へるには完全な目張りもよからうが、雨戸のあるところなら硝子障子を取外して寝るやうにしてはどうか。

待避壕の整備はいよ〳〵念を要する。弾片から身を護り爆風を避けるには、待避壕以外にないのだから、本格的な地下待避壕の構築を第一に心掛け、爆風圧によつても壁体の崩れにより生埋めとなるやうなことのない完全な側壁を設けたい。

こんどの敵機の投弾で、落下地点に近い某家の妻女は俄に産気づいて翌日八箇月で出産した。もちろんこの母子はともに健全だが、かういふことで不用意に迷惑を及ばさないやう妊婦や老幼病者の疎開が奨められてゐるが、疎開できない人達は平素からあらゆる準備を怠らず警報とともになるべく早期に待避すべきである。


さらに同紙は、「爆風を受止めた土塀　身に沁みた灯管、待避の大事」という見出しで、「さる十九日未明敵の盲爆をうけた付近村民は、二十一日朝、村長白井重治郎氏を囲んで今後の空襲にそなへる体験座談会を開いた」と記し、次のような「村民の談」を掲載している。新聞は村名を秘匿したかたちで報じていたが、白井重治郎は、一九二二年（大正一一）三七歳のときから、一九四六年（昭和二一）六一歳まで、二四年間三宅村村長の職にあったから、次の記事が三宅村村民と村長の談話だったことがわかる。

（イ）こんどの来襲で、敵機と友軍機との音の区別が判然した。いつも聞きつけた友軍機とちがつて、敵機は堅い金をカン〳〵たゝいてゐるやうな金属性のひゞきがする。敵弾投下の直前、急に降下したと見えて、その金属性の音がとくにはつきり感じられた。

（ロ）大音響と震動と弾片が飛ぶのが、殆《ほと》んど同時だつた。
（ハ）自分の家は落下現場から僅か七、八間しか離れてゐなかつたが、壁が一寸落ちたのと屋根瓦を少しこはしたくらゐだつた。
（ニ）約半町離れてゐるが、厚さ八寸ぐらゐの土塀があつたため爆風をさへぎり、壁や雨戸にも被害はなかつた。震動で障子が外れたりガラスが破れたりした程度だ。
（ホ）現場から二町ほど離れてゐるため、震動は大きかつたがガラス窓も殆どこはれず障子も破れなかつた。たゞ爆弾の破片は少し飛んで来た。
（ヘ）現場（野菜畑）付近の大根は、地上部分は全部千切れてゐた。空襲は掩蓋《えんがい》のある待避壕にさへ入つてゐたら大丈夫だ。
（ト）灯火管制の徹底と待避壕の完備――これが敵機からの被害を最少限度にする最も適切な方法といふことを痛切に感じた。
田舎も油断禁物
村長白井重治郎氏の語る当夜の敵機来襲状況は――耳なれない爆音がして急降下するやうな金属音を聞いたと思つた瞬間ドカン、ドカンときた。爆震で家屋が震動し弾片が壁を貫いて飛込み、ガラス障子の飛散が若干あつた。それつきりで大した被害はなかつたが、落下弾の至近距離にあつた民家だけ家屋に多少の被害があり、弾片で家人が軽い傷をうけたゞけ。この人騒がせな敵機の来襲をうけて、われ／＼は敵機は都市を狙ふばかりでなく、こんな田舎にもやってくることを教へられるとともに、憎みても余る敵機の無差別投弾に、村民一同沸きかへる敵愾心《てきがいしん》を覚えてゐる。今後はこの教訓を活かして灯管の励行、待避施設の増強など、敵機に対する備へを固めるため、緊急村会を開いて対策を講じます。

右に掲げた二つの記事から、最初の大阪空襲の様子がよくうかがえると同時に、空襲の危機にさらされていた民衆に対する新聞の報道姿勢も知ることができて興味深い。

初空襲の被害

前掲「空襲被害状況ニ関スル件」によると、軽傷者が二名、小破程度の被害を受けた住宅が五戸、その他に戸、障子、ガラス戸などが飛散した民家が若干あった。軽傷の二人は、就寝中に約一八メートルないし二〇メートルの至近弾を受け、爆弾片によって負傷したもので、一人は「右上膊《じょうはく》部及胸部」に、一人は「右大腿部」にそれぞれ裂傷を受けていて、「何レモ治療二週間ヲ要スル見込」と記されていた。

負傷者は、三宅村の松永かおる（当時一四歳）と為井敏子（当時三三歳）の二人であった。かおるの母イクの記憶によると、就寝中大きな音で目を覚ますと、壁に穴があき、建具が吹っ飛び、戸が壊れ、敷居もちぎれていた。次女のかおるが、手首と胸に傷を負っていた。胸の傷は、小さい破片が刺さった程度だったが、手首は縦に切れていて、かなり出血していた。夜明けまでに松原駅前の伊藤医院に運ばれ手当を受けた。かおるの傷は手首であり傷痕も残っていると、母のイ

三宅警察署（1945年）、松原市提供

クもかおる自身も後年の聞き取りのときに語っているから、「空襲被害状況ニ関スル件」に記載されている「右上膊部」は誤記とみてよい。ところで、爆弾が投下されて三日後の一二月二二日付『毎日新聞』には、かおるの父松永浅太郎の次のような話が掲載されていた。

聞き馴れない大きな音に驚いて、暗がりの中を慌てて飛び出す際、もう少しで大怪我をするところでした。それに平常から家の中を整理整頓してゐなかったために、何も持たず寝衣のまま飛び出し家族全部が震へてゐました。それから、棚には大きいものや壊れやすいものを置いてはならぬと痛感しました。

続いて同紙は、「今後は昼のみでなく夜も敵機はやってくるのだ、灯火管制に府民の総力を一層結集するとともに、暗闇でも慌て騒がぬ準備の必要を被弾現場を目のあたりにして痛感した」と述べ、松永浅太郎の話を教訓的材料として掲載したが、娘かおるの負傷についてはまったく触れていなかった。

為井敏子は、かおるの家のすぐ東隣に住んでいた。夫と二人の子供の四人家族で、当時敏子は妊娠八か月であった。投下された爆弾の破片が、彼女の右足大腿部に突き刺さった。出血がかなりあった。これを見た近所の主婦が、敏子が妊娠していたので産気づいたと勘違いして、産婆を呼んで来るという混乱があった。おそらくこのことがそのまま取り上げられたものと思われ、前掲一二月二二日付『朝日新聞』は、「落下地点に近い某家の妻女は俄かに産気づいて翌日八箇月で出産した」と書いた。さらに同紙は、「もちろんこの母子はともに健全」と記したうえで、「かういふことで不用意に迷惑をおよぼさないやう妊婦や老幼病者の疎開が奨められてゐる」と説教調で報じていたが、「母子はともに健全」という記述は事実と違っていた。大阪府松原警察署編『松原警察署史——土地の歴史と人のくらし』（一九八四年刊）には、四〇年後の為井敏子の次のような回想談が掲載されている。

> 私は、そのとき妊娠八か月の身重《みおも》でした。爆弾の破片が右足大腿部につきささり三か月の重症をおいました。救護班の応急治療の後、警察病院で体内に残っている爆弾破片の摘出手術をうけ、一命をとりとめましたが、出血多量で子供を死産しました。

隣家の松永イクは、一九八五年（昭和六〇）の松原市史編纂室の聞き取り調査のとき、為井敏子は大阪の警察病院に長い間入院していたと回想し、おなかの赤ちゃんは亡くなったと語っている。この赤子の命は、一九四五年（昭和二〇）八月一四日まで繰り返されて、多くの命を奪った大阪空襲の最初の尊い犠牲であった。

六月一五日の空襲

一九四五年（昭和二〇）になると、毎日のようにB29少数機が飛来するようになり、しばしば爆弾や焼夷弾が大阪府域に投下された。新年早々の一月三日には大阪市域に空襲があった。一月と二月には約二〇回も府域への空襲があって少なからぬ被害が生じたが、三月初めまでの空襲は比較的小規模なものにとどまっていた。ところが、三月一三日の深夜から翌一四日未明にかけての大阪市への空襲は、それまで大阪に加えられたどの空襲とも異なるきわめて大規模なものであった。B29二七四機が来襲し、M47―A2炸裂型油脂（ナパーム）焼夷弾一五八六個と、M69尾部噴射油脂焼夷弾三五万七〇四八個もばらまいたのである。大阪市は、たちまち火の雨に包まれた。この爆撃で大阪市の中心部が約二一平方キロメートルにわたって焼失し、約五〇万人が家を失い、一万三〇〇〇人以上の死傷者・行方不明者がでた。松原市域の村々からも、大和川の向こうの夜空を真っ赤に染めて大阪市街の燃えるのが望見された。

四月と五月は、大阪では比較的平穏な日が続いたが、六月一日にB29とP51による第二次大空襲があり、同月六日に第三次、一五日に第四次と、大阪への大規模焼夷弾爆撃が繰り返された。これらの空襲のうち、第三次までの大空襲では、松原市域の村々に直接被害が生ずることはなかったが、六月一五日の大空襲では、市域の天美村と恵我村にも焼夷弾が投下され被害が生じた。

六月一五日の大空襲は、B29四四四機による大阪・尼崎都市地域への昼間焼夷弾攻撃であった。もともとこれらのB29は、この日に八幡を攻撃する予定であったが、北九州地域の天候が悪いので、にわかに目標を大阪に変更し、八幡攻撃用として搭載していた大量のM17集束焼夷弾をそのまま大阪に投下したのであった。M17に集束されているのは、四ポンドAN—M50マグネシウム焼夷弾である。M50は、重建築物を貫通し、金属を溶解する強烈な熱を発する。その貫徹力は日本の木造家屋には強すぎ、M50は重工業地帯に有効な焼夷弾だったから、本来ならば一般住居の多い大阪への攻撃は、主としてM69焼夷弾を用いて行われるはずであった。しかし、搭載している焼夷弾を取り替える時間がなかったために、主としてM50が用いられた。この日大阪・尼崎地域に投下されたM50焼夷弾は一一三万五八六〇個であった。ほかに、M47A2焼夷弾一万四六八九個、M69焼夷弾一万三一四八個が投下された（小山仁示『戦争　差別　公害』解放出版社刊、一九九五年）。

　ところで、三月一三日深夜から一四日未明にかけての空襲で、大阪市の中心部がすでに破壊されていた。六月一日と七日の大空襲で市の西部、北部、東北部が破壊されたから、残ったのは南東部と淀川の北側の地域であった。六月一五日の空襲では、北部の西淀川区と鶴橋駅および天王寺駅を中心とする大阪南東部が集中的に攻撃された。そのために、大阪市域のほかに市の北、東、南に位置する周辺の郡部各警察署管内にも被害が広がった。市の南東部に近接していた三宅警察署管内の被害は、「六月十五日大阪地方空襲被害状況調査表（昭和二十年六月二十日午前八時現在）」によると、全焼八四戸、半焼二二戸、罹災者四〇〇人であった。前掲『松原警察署史——土地の歴史と人のくらし』は、この時の三宅警察署管内の被害は、現大阪市平野区に集中していたとし、松原市域では天美村城連寺で全焼一戸、半焼一戸の被害があったと記している。さらに同書は、これまでの記録にない松原市域の被害として、天美村の三人の犠牲者の名をあげている。この犠牲者は、同書編集のための松原警察署員の聞き取り調査で明らかになったものである。それによると、上田朝江（当時二五歳）は、長女晴美（生後三か月）を背負って庭にいたところへ焼夷弾が落下して、親子とも焼死したという。坂本徳松（当時四六歳）は、自宅の土蔵の前に立っていたところ、近くに落ちた焼夷弾が炸裂し、その破片が心臓を直撃して死亡した。このように、六月一五日の空襲では、すでに天美村に三人の犠牲者がでていたが、実はそれから一週間後の六月二二日に、この一五日の空襲で投下された焼夷弾によって、恵我村に四人の死者と多数の重軽傷者がでたのであった。

不発焼夷弾による犠牲

六月一五日の大阪への空襲は、午前八時四〇分ごろから一〇時五〇分までの約二時間にわたる焼夷弾攻撃であった。来襲したＢ29の主力は、和歌山県上空を北上し、大阪府南部を経て大阪市に殺到した。一部は、紀淡海峡を経て大阪湾から侵入した。当日午前八時の気象状況は「北東ノ風一米、曇天、雲高下層雲七〇〇〇米」、午前九時の気象状況は「南東ノ風二米、下層雲一〇割、一〇〇〇米」であった（六月二二日付「空襲被害状況ニ関スル件」、小山仁示編『大阪空襲に関する警察局資料――小松警部補の書類綴より』Ⅱ、松原市史編纂室、一九七七年）。

この日の朝、恵我村警防団第二分団（大字別所）の吉田長太郎分団長（当時三八歳）は、同村役場横の監視哨の上にいて、頭上を飛ぶＢ29の音を聞いていた。空が雲でおおわれていたため、Ｂ29の機体は見えなかったという。この雲上のＢ29が、恵我村に投弾したのは午前九時から一〇時の間であった。投下された焼夷弾は、三宅村の大海池の東北角から長吉村の馬池（長原池）にかけての地域、つまり大字別所の西部と北部に集中して落下した。当時の警防団の人たち（吉田長太郎、辻本芳太郎、堀井楢松）の話によると、投下された焼夷弾は、六角筒の長さ三〇センチ余の細いもので、横の方に何か薄っぺらなものが付いていた。ほとんどの焼夷弾は、一個ずつ分散して落下したが、なかに束ねられたまま落ちたものがあった。その束は、三〇個余の焼夷弾を鉄板で巻き、さらにその縁を鉄の帯で巻いたものであった（一九八四年一一月六日、一三日、松原市史編纂室の聞き取り調査による）。

当時の警防団の人たちの話から、この時恵我村に投下された焼夷弾は、ＡＮ―Ｍ50マグネシウム（エレクトロン）焼夷弾であったとみてよい。Ｍ50の集束弾Ｍ17は、一一〇個のＭ50を内蔵した五〇〇ポンドの焼夷弾であった。恵我村に落とされたという束のままの焼夷弾は、Ｍ17の集束が空中で部分的に解かれたものの、完全には分かれずに地上に落下したものと思われる。

Ｍ50は、中径四・八センチ、長さ三三センチの六角筒の小型弾で、長さ二二センチのアルミニウム翼を付けていた。その一部には、弾頭部に爆薬を詰めたものや、爆発時間を遅延させる装置を付けたものなどがあった。当時の新聞には、アメリカ軍の爆弾、焼夷弾の形状や性能についての解説記事がしばしば掲載された。『毎日新聞』一九四五年六月六日付には、いくつかの種類の焼夷弾とともに、四ポンドエレクトロン焼夷弾、すなわちM50を取り上げ、図解して次のように述べていた。

六ポンド油脂焼夷弾とともに屢々《しばしば》都市爆撃に使用、六ポンド焼夷弾と同様空中で炸裂し撒布する。落達後四十秒から一分で燃焼を終つて爆発するものが全数の一割乃至二割混用されてゐるから注意が肝要、殺傷威力は手榴弾程度、半径五メートル以内の人馬は危険である。爆薬つきのものとさうでないものとは一見識別し難いが、弾頭上面に左図の通り種々の記号あるものは爆発せず、穴のあるものが危い。殊に不発弾または燃え残りのものを火にくべて死傷した事例が多い。

M50は、片手で簡単に持てる程度の小さな焼夷弾だったが、不発弾の取り扱いにはとくに注意を要する危険なものだったのである。

六月一五日の空襲の後、恵我村巡査駐在所のY巡査の指揮で警防団が出動し、投下された焼夷弾が拾い集められ、別所の熱田神社の東北の道路端に積み上げられた。集められた焼夷弾のなかに、不発弾が相当数含まれていた。この不発弾を使って、六月一九日に熱田神社の西南の路上で警防演習が行われた。Y巡査が、不発弾を五、六個路上に投げつけて発火させ、警防団員がその火の中へ不発の焼夷弾をたくさん入れて燃やしたうえで、消火実験を行った。初めに水をかけて消そうとしたが、消える様子はまったくなかった。M50マグネシウム弾は、その性質上M69焼夷

愛読者カード

●ご購読ありがとうございます。このハガキにご記入いただきました個人情報は、ご愛読者名簿として長く保存し、またご注文品の配送、確認のための連絡、小社の出版案内のために使用し、他の目的のための利用はいたしません。

●お買上いただいた書籍名

●お買上書店名

県　郡／市　書店

●お買い求めの動機（○をおつけください）

1. 新聞・雑誌広告（　　　　）　2. 新聞・雑誌記事（　　　　）

3. 内容見本を見て　4. 書店で見て

5. ネットで見て（　　　　）　6. 人にすすめられて

7. 執筆者に関心があるから　8. タイトルに関心があるから

9. その他（　　　　）

●ご自身のことを少し教えてください

◉ご職業　年齢　歳　男・女

◉ご購読の新聞・雑誌名

◉メールアドレス（Eメールによる新刊案内をご希望の方はご記入ください）

通信欄（本書に関するご意見、ご感想、今後出版してほしいテーマ、著者名など）

郵便はがき

料金受取人払郵便

天王寺局
承認
424

差出有効期間
2019年4月9
日まで

（有効期間中
切手不要）

5438790

大阪市天王寺区逢阪二の三の二

（受取人）

東方出版 愛読者係 行

〒

●ご住所

ふりがな
●ご氏名

TEL

FAX

●**購入申込書**（小社へ直接ご注文の場合は送料が必要です）

書名	本体価格	部数
書名	本体価格	部数

ご指定書店名	取次
住所	

弾とは異なり、水をかけるとかえって急速に燃え広がったのである。団員たちは、最後に砂をかけて燃えている焼夷弾を消し止め、何事もなくこの日の不発焼夷弾を使った警防演習は終わった。

それから三日後の六月二二日、Y巡査は再び警防団員を集め、今度は恵我国民学校の校門の前でM50の不発弾を使っての二度目の警防演習を行った。警防団員が見ている前で、校門の石畳みに焼夷弾を投げつけて発火させるという実験が行われた。そして、すでに発火し激しく燃焼している焼夷弾の中に、別の焼夷弾の弾頭部が入れられたのである。その瞬間に爆発がおこった。弾頭部に爆薬が付けられた不発弾だったのである。この爆発で、警防団員三人と子ども一人の命が奪われ、二〇数人の重軽傷者がでたのであった。亡くなった警防団員は、別所の津村三次（当時三〇歳）と野沢広幸（当時四〇歳）、大堀の植松三次（当時三九歳）の三人であった。津村はこめかみに、野沢は頭部に破片が入って即死だった。植松は腹部に穴が開いていて、戸板に乗せられて平野の瀬田医院に運ばれたが、まもなく亡くなった。

不発弾が爆発したとき、校門のすぐ近くの橋の上に国民学校初等科低学年の男の子が二人いた。一人は、大字大堀の松本藤太郎宅に両親や兄弟とともに疎開してきていたが、この爆発で幼い命を奪われた。おなかに穴が開き、腸が出ていて、一日ほどして亡くなった。いま一人の男の子は、大堀の教専寺住職佐々木見龍の二男で、国民学校初等科一年生の佐々木純也であった。この男の子は、爆発した焼夷弾の破片で右下肢に重傷を負い、中ほどから下を失った。佐々木純也の記憶によると、亡くなった男の子は二、三歳上だったとのことである。佐々木純也は、瀬田医院で手術を受けた（一九九四年八月三日、松原市史編纂室での聞き取り調査による）。

負傷した警防団員も、瀬田医院に運ばれた。入院治療を必要とした重傷者は、瀬田医院の隣の天理教教会に収容され、しばらくの間そこで医師の治療を受けた。四人の死者と多数の重軽傷者を出したこの事件は、戦争中にあっても比較的平穏で静かだった恵我村におけるきわめて重大な事件であった。

警防演習を指揮していたY巡査は、自らも足に傷を負っていたが、事態を報告するために三宅警察署に向かったようである。当時三宅警察署の署長だった川口勇謙は、不発焼夷弾を使っての警防団の訓練については、Y巡査から爆発の報告を受けるまで、まったく知らなかったという。そのような危険な不発弾は、すぐに埋めて廃棄処分にすることになっていた。大阪府警察本部の内部では、Y巡査を諭旨免職にせよという意見もあったが、検事局の取り調べの結果起訴猶予となり、戦争中であるという判断もあって、Y巡査を恵我から柏原に転勤させるという措置で、事態の収拾がはかられた。それにしても、村民に犠牲者を出したこの事件は、当時の三宅警察署長が四〇年の歳月を経て、非常に苦しい思い出であり、責任を感じることだったと語るような出来事であった（一九八四年一一月二七日、松原市史編纂室での聞き取りによる）。

高射砲陣地

防衛庁防衛研究所図書館所蔵の『本土地上防空作戦記録（中部地区）』（復員局、一九五一年八月）

には、阪神地域における一九四五年五月の「高射第三師団配備要図」と同年八月終戦時の「高射第三師団阪神地区配備要図」、および終戦時における「高射第三師団有線通信網要図」が付図として収録されている。これらの付図には、阪神地域に配備された一六の照空中隊の担当区域が実線で囲んで示されていて、そのうちの一つに「三宅」と記された照空中隊の担当区域が存在する。阪神地域の地上防空隊は、一九四三年八月の中部防空集団の編成以来、北地区、南地区、西地区、神戸地区の四地区に大きく区分されていた。中部防空集団は一九四四年六月に中部高射集団と改称し、四五年四月に高射第三師団（通称号炸）に改編された。「三宅」と記された照空中隊は、南地区すなわち大阪市西部から東南部にかけて配備された六つの照空中隊の一つであった。南地区配備の六つの照空中隊の担当区域には、堺、南港、北港、若江、石原、そして三宅の名が付けられていた。「三宅」と記された照空中隊の担当区域は、三宅村、矢田村、瓜破村、長吉村および長居、平野を含む地域であった。

前掲三つの付図には、いずれも三宅村または松原町北部と考えられる位置に照空分隊と照空中隊長位置を示す記号が記入されており、さらに大和川北部の矢田、長吉、平野と思われる位置などに五つの照空分隊が配置されていた。「高射第三師団有線通信網要図」によると、大和川北部の五つの照空分隊は、三宅村または松原町北部に位置する照空分隊とそれぞれ通信線で結ばれていて、三宅村付近に位置した照空中隊長の指揮下にあったことが示されている。なお、「三宅」と記された照空中隊の担当区域内の平野の近くに、照空大隊本部を示す記号が記入されている。

また、堺市北部にも照空大隊本部を示す記号が記入されている。つまり、南地区に配備された六つの照空中隊は、三宅の照空中隊区域内に置かれた大隊本部か、堺に置かれた大隊本部かのどちらかの指揮下におかれていたのであった。

阪神地域の防空を担当した高射第三師団は、高射砲三個聯隊、独立高射砲四個大隊、独立高射砲二個中隊、独立機関砲五個中隊などで編成され、師団司令部は天王寺美術館に置かれていた。独立高射砲三個聯隊のうちの高射砲第一二一聯隊は南地区、第一二二聯隊主力が北地区、第一二三聯隊主力が神戸地区の防空を担当した。高射砲第一二一聯隊は、高射砲二個大隊、照空二個大隊で編成され、聯隊本部は帝塚山に位置していた。高射砲大隊は第一第二大隊合わせて一二個中隊編制、照空大隊は第三第四大隊それぞれ三個中隊ずつの六個中隊編制であった。下志津（高射学校）修親会編『高射戦史』（田中書店刊、一九七八年）に掲げられている一九四五年六月頃の「高射第三師団隷下部隊の状況」によると、高射砲第一二一聯隊第三大隊の第一三中隊が若江、第一四中隊平野、第一五中隊大泉池、第四大隊の第一六中隊が堺、第一七中隊南港、第一八中隊北港となっている。これらの照空中隊所在地は、前掲『本土地上防空作戦記録（中部地区）』の付図に記された六つの照空中隊の担当区域と重なっている。第一四中隊の平野は、付図に記されている「三宅」、第一五中隊の大泉池は「石原」とみてよさそうである。以上のことから、太平洋戦争末期の三宅村付近には、高射砲第一二一聯隊第三大隊第一四中隊所属の照空一個分隊が置かれ、同中隊の中隊長が位置していたと推測されるのである。なお、照空一個分隊の装備は、九三式野戦照空燈一燈と九〇式小聴音機一機であった。照空一個中隊は六個分隊で編成されていたから、一個中隊は照空燈六燈と小聴音機六機で装備されていた。前掲『本土地上防空作戦記録（中部地区）』は、日本本土空襲下における照空中隊の戦闘状況について、次のように述べていた。

照空中隊は、終始九三式野戦照空燈及九〇式小聴音機を以て戦闘す。此の両者は、共に攻者の性能に比し威力圏充分と云い難きも、敵機の夜間爆撃高度は常に中等高度以下なりしを以て、辛うじて戦闘の目的を達し得たり。

ところで、『松原警察署史――土地の歴史と人のくらし』（一九八四年刊）には、松原市民からの聞き取り調査の記録として、松原町大字阿保の北端、三宅村との境界近くの田んぼの中（現・松原市阿保五丁目の阿保浄水場南側あたり）に高射砲陣地が築かれていたと記され、これとは別に天美村（現・松原市天美九丁目あたり）にも高射砲陣地があったとしたうえで、次のように述べられている。

三宅にあったのは、独立高射砲連隊第二六五〇部隊（連隊長樋口大佐）所属の第一八中隊（中隊長池内忠一郎大尉）であり、この中隊は、昭和一九年二月、支那、満州からの転属兵、現役兵、召集兵、一二〇～一三〇人で、部隊編成された。この中隊本部を三宅において、平野本町、出戸、桃ケ池、矢田などに分隊派遣して、照空灯、聴音機を配置していた。（中略）また、天美にあったのは、信太山の野砲第四連隊中部第二七部隊から派遣された二ケ分隊二五名ぐらいで、正規の高射砲ではなく、三八式野砲と、九五式野砲の計二門を備えていた。

右の文中の「三宅」について、聞き取り調査の記録として同書が記している場所に高射砲陣地が築かれていたとすれば、その位置は正確には松原町大字阿保である。また、文中の「樋口大佐」は、高射砲第一二一聯隊の聯隊長樋口易信大佐のことと思われる。『高射戦史』記載の第一五方面軍高射第三師団の復員に関する記録によると、「池内忠一郎中尉《(ママ)》」は高射砲第一二一聯隊に所属していたことになっている。なお、天美にあったという高射砲陣地は、『高射戦史』にも、前に掲げた『本土地上防空作戦記録（中部地区）』の三つの付図にもまったく記録されていない。『松原警察署史――土地の歴史と人のくらし』の天美の高射砲陣地に関する記述が正しければ、太平洋戦争末期に野砲を高射砲の代わりにした陣地が天美村に存在したことになる。『高射戦史』の兵器・器材に関する叙述箇所に、「臨時高射砲」についての次のような説明があるので掲げておくことにする。

第一次大戦以降航空機が兵器となり、わが国でも高射砲の必要性が認められた。初めて登場したのは「野砲を改修したものでも良い」という押しせまった考えから三八式野砲で大射角がうてるように改造しただけの臨時高射砲である。三六〇度旋回させるために砲架に旋回中心軸を装置したが高低照準具は、改良しなかったので、単に上を向いて射撃できるだけという代物であった。

なお、松原尋常高等小学校『沿革誌』の学校日誌の一九四四年二月一九日の条に「高二男児高射砲陣地ニ勤労奉仕ヲナス」と記されている。松原国民学校高等科二年の男子生徒が勤労奉仕をしたのは、おそらく校区の大字阿保にあった照空分隊の陣地であったものと思われる。

表23　恵我村の歳入歳出決算額

年　度	歳　入	歳　出	歳入出差引残金
	円 銭	円 銭	円 銭
1943	44,897.41	43,748.57	1,148.84
1944	55,717.96	48,467.24	7,250.72
1945	102,691.12	84,198.08	18,493.04

（注）　各年度恵我村「歳入歳出決算報告書」から作成。

恵我村の財政

表23のように、恵我村の財政は、敗戦の年に急膨張した。一九四五年の歳入は四四年の一・八倍、歳出は一・七倍となった。歳出が膨張したのは、役場費、警防費、戦時費が急増したからである。一九四五年の役場費は、四四年の一・八倍、警防費は二・二倍、戦時費は四・五倍となっている（次頁表24参照）。

役場費の増加は、吏員の給料、賞与及び諸手当の支払い額が増えたことによるものであった。書記が六人から八人に増員されたことや、使丁の増員、給与の改定などが、給料諸手当等の増加の主な原因であった。これは、物価の上昇と戦争関係事務の急増によるものであった。

戦時費の急増は、戦死者公葬費、出征者餞別費、国民動員諸費などの増加に加えて、一九四五年に食糧供出諸費五五〇円、戦災者援護金六四二〇円が新たに支出されたことによるものであった。食糧事情が極度に悪化していくなかで、農村の恵我村は、食糧供出に力を入れなければならなかったのである。

表24　恵我村の主な歳出費目の決算額

年　度	役場費	国民学校費	青年学校費	警防費	戦時費	その他	歳出計
	円　銭	円　銭	円　銭	円　銭	円　銭	円　銭	円　銭
1943	26447.33	2901.95	2974.29	5312.18	1414.54	4698.28	43748.57
1944	27154.05	3768.05	3399.00	5224.01	2042.62	6879.51	48467.24
1945	50191.58	4943.78	2177.00	11628.66	9239.55	6017.51	84198.08

（注）表23に同じ。

戦災者援護金六四二〇円は、一九四五年一〇月一〇日の村会に提出された同年度の追加更正予算で計上された。予算説明欄には、「戦災死歿者援護四件三四〇〇円、傷害見舞金三〇二〇円」と記されている。ほかに、警防費のなかに防空従事者扶助費として四四四七円、警防団戦災者見舞金六〇〇円が追加計上されている。防空従事者扶助費の予算説明欄には、「遺族扶助金三人三千円、葬祭費三人三百円傷害扶助金千百四十七円十人分」と記されている。一〇月一〇日の恵我村村会議録は、この時の追加更正予算案の可決過程を次のように記録している。

一、議長　本案ハ予而諸君ニ種々御手数御迷惑ヲ煩シタル警防業務従事者ノ傷害、死亡ニ係ル協議事項ヲ予算化シタルモノニシテ、凡テ数次ノ会議ニ於テ協議約定ニ依ルモノニシテ、説明ヲ省略シ質問ヲ徴シ度イ旨ヲ告グ。

一、六番（議員）　理事者並諸君ノ御尽力ノ結果本提案ヲ視タルモノニシテ、原案可決ヲ望ムト共ニ諸氏ノ労苦ヲ感謝スト述ブ。

全員賛成。

一、議長　原案可決スト告グ。

異議ナシ。

このとき計上された防空従事者扶助費と警防団戦災者見舞金は、警防演習中の不発焼夷弾の爆発事故で死亡した警防団員の遺族と負傷者に対して支払われたものであった。一九四五年の警防費は、主にこの費用が加わったことで、一九四四年の二倍以上に膨れ上がった。戦時費増加の主たる原因となっていた戦災者援護金も、防空従事者扶助費、警防団戦災者見舞金とともに、同日の村会で追加計上されていることから、不発焼夷弾の爆発による死傷者のために支出されたものとみてよい。こうして膨れ上がった一九四五年の警防費と戦時費の合計は、同年の歳出総額の四分の一を占めた。

ところで、恵我村の税収入は、一九四三年三万二六五二円二二銭、四四年四万三八七〇円一〇銭、四五年六万五三〇四円九銭であった。このうち地方分与税配布税は、一九四三年八三二八円、四四年一万三二八四円、四五年一万七二〇二円であった。税収全体に占める配布税の割合は、一九四三年二五・五パーセント、四四年三〇・三パーセント、四五年二六・三パーセントであった。この配布税と、国や府の補助金及び交付金を合わせた金額が歳入全体に占める割合をみると、一九四三年と四五年が三・五割前後、四四年が約四割という高い比率を示していた。急増する戦時関係費の相当部分は、配布税と補助金で賄われていた。なお、一九四五年における恵我村の歳入の急増は、税率の引き上げによる税収入の増加、国や府の補助金の増加に加え、警防団の不用施設の払い下げ金一万円があったことなどによるものであった。

第五章　松原地方の学校

1　小学校から国民学校へ

昭和初期の小学校

昭和初期には市域の松原・天美・布忍・三宅・恵我の五つの村々に、それぞれの村名を冠した尋常高等小学校または尋常小学校が存在した。次頁の表25は、一九二七年（昭和二）、一九三〇年、一九三五年におけるそれらの小学校の尋常科と高等科の児童数を示したものである。これをみると、松原・天美の両小学校は、三宅小学校や恵我小学校に比べて多数の児童を抱えていたことがわかる。児童数だけでみると、松原小学校は、三宅小学校の約二・四倍、恵我小学校の二倍近い規模だったことになる。

一九二七年の天美小学校の高等科の児童数九一の中には、布忍村から通学する児童の数が含まれていた。布忍尋常小学校に高等科がおかれたのは、一九三〇年のことであり、布忍村はそれま

表25　松原・天美・布忍・恵我・三宅の各小学校の尋常科と高等科の児童数

（単位：人）

年度	松原小学校		天美小学校		布忍小学校		恵我小学校		三宅小学校	
	尋常科	高等科	尋常科	高等科	尋常科	高等科	尋常科	高等科	尋常科	高等科
1927	689	88	509	91	400	—	373	39	295	33
1930	781	10	592	60	435	51	413	57	309	50
1935	846	153	719	81	550	53	461	72	348	55

（注）各小学校の『沿革誌』から作成。

で高等科児童の教育を天美小学校に委託していたのである。恵我尋常小学校には一九二三年（大正一二）に、三宅尋常小学校には一九二五年に高等科が併置されて、両校は尋常高等小学校となっていた。松原市域の村々のうち、明治末にすでに高等科が存在した松原・天美両小学校のほかは、大正の終わりから昭和初期に、高等科の設置がすすめられたのであった。

表26、表27、表28は、三宅・恵我・天美の各小学校の一九二七年、二八年または一九三四年、三五年における尋常科六年と高等科一、二年の児童数を男女別に示したものである。高等科一年生は、前年には尋常科六年生だったから、高等科一年の児童数とその前の年の尋常科六年の児童数を比べると、前年に尋常科六年だった児童のうち何人が、義務制の尋常科を卒業したのち高等科に進んだかがわかる。一九二七年の三宅小学校の尋常科六年生は、男二六人、女一九人であった。このうち高等科に進んだのは、男一六人、女九人である。一九二七年の恵我村の尋常科六年生の男三〇人、女三二人のうち、高等科に進んだのは男二三人、女一一人であった。同校の一九二七年の高等科一年の児童数は、男一一

人、女一三人で女のほうが多いが、前年の一九二六年（大正一五）の尋常科六年生は男が二一人、女が三四人であったから、高等科への進学率は男のほうがはるかに高かった。一九三四年の尋常科六年生は男三三人、女三二人で、翌一九三五年の高等科一年生は男二三人、女一三人であった。天美小学校では、一九三四年の尋常科六年生の男四〇人のうち高等科に進んだのは三二人であったが、女は四五人のうち一五人しか高等科に進まなかった。いずれの小学校においても、女性の高等科への進学率が、男性に比べて著しく低かったことがわかる。

表26　三宅小学校の尋常科6年と高等科1、2年の男女別児童数

（単位：人）

	尋常科6年		高等科1年		高等科2年	
年　度	男	女	男	女	男	女
1927	26	19	13	7	7	6
1928	28	21	16	9	6	4
1934	34	28	16	12	17	5
1935	24	24	23	11	11	10

（注）三宅小学校の『沿革誌』から作成。

表27　恵我小学校の尋常科6年と高等科1、2年の男女別児童数

（単位：人）

	尋常科6年		高等科1年		高等科2年	
年　度	男	女	男	女	男	女
1927	30	32	11	13	6	9
1928	31	28	23	11	8	9
1934	33	32	22	18	15	13
1935	38	34	23	13	19	17

（注）恵我小学校の『沿革誌』から作成。

表28　天美小学校の尋常科6年と高等科1、2年の男女別児童数

（単位：人）

	尋常科6年		高等科1年		高等科2年	
年　度	男	女	男	女	男	女
1934	40	45	40	16	24	17
1935	62	65	32	15	27	7

（注）天美小学校の『沿革誌』から作成。

右の場合と同様に、高等科二年生は前年には高等科一年生だったから、二年生の児童数と前年の一年生の児童数を比べると、義務制でなかった高等科児童の一年と二年のあいだにおける退学の状況を知ることができる。一九二七年の三宅小学校の高等科一年は男一三人、女七人だったが、一九二八年の高等科二年は男六人、女四人となっていて、男が七人女が三人減っていた。一九三四年の高等科一年の男一六人、女一二人は、二年生のときに男一一人、女一〇人に減っている。天美小学校の一九三四年の高等科一年は男四〇人、女一六人であったが、翌一九三五年の高等科二年は男二七人、女七人となっていて、男が一三人、女が九人減っていた。このように、昭和初年における松原市域の村々の小学校では、尋常科卒業後高等科に進学しても、一年生から二年生のあいだに退学する児童が相当数いたのであった。

三宅小学校の一九二七年から一九三三年までの七年間の尋常科六年の児童数を合計すると、男一八一人、女一五八人であった。一九二七年から三三年までの間に同校の尋常科六年に在籍した児童のうち、高等科に進んだものが高等科二年に在籍した時期は、一九二九年から一九三五年までの七年間である。この間の同校高等科二年の児童数の合計は男一〇六人、女四九人となっていて、高等科二年に在籍していたのは、男では尋常科を終えたもののうちの六割弱、女では三割強にすぎなかった。松原小学校では、一九二九年から一九三三年までの五年間に尋常科を卒業した児童の数は男三〇〇人、女二五八人だったが、一九三一年から三五年までの高等科の卒業生の数は男一七一人、女九一人であった。同校の尋常科卒業生のうち、男では五七パーセント、女では三五パーセントが高等科を卒業していたことになる。ところで、一九三四年一二月発行の郷土調査研究会編『恵我村地誌資料』第一輯は、恵我小学校の上級学校への進学状況について、「中学校を除く中等学校志望者も近年著しく増加せるも種々の事情のため初志を得てゐるものは非常に少い」と記したうえで、「中等学校入学志望者数も近年増したとはいふものゝ毎年大体卒業者数の約一割といふ状態でまだ〳〵充分であるとはいひ得ない」と述べていた。一九三三年の恵我小学校の尋常科六年生の児童数は八〇人、その一割といえば八人だが、実際に中等学校へ進学できた児童の数はもっと少なかったわけである。当時の町村では、大多数の人たちが義務制の尋常小学校卒業後、または高等小学校卒業後に、実社会の仕事に就くというのが普通であった。

青年訓練所、青年学校

三宅小学校の『沿革誌』には、「大正十五年七月一日　本校ニ三宅村立三宅青年訓練所ヲ併置ス」と書かれており、松原小学校の『沿革誌』には、同年七月三日のところに、「青年訓練所宣誓式挙行」と記されている。この年四月二〇日に青年訓練所令が公布され、七月一日から全国いっせいに青年訓練所が開設されたのである。

青年訓練所は、小学校または実業補習学校に付設されるのが普通で、小学校終了後勤労している青少年のうち満一六歳をこえた男子に、在営までの四年間、教練を主とする徴兵予備教育を施すことを目的としていた。教練のほかに、修身および公民科、普通学科、職業科などの科目が教授された。三宅小学校の『沿革誌』は、一九二七年（昭和二）七月七日に、青年訓練所国語教授細目編纂委員会が同校で開催されたと記している。

一九二七年四月に公布された兵役法では、青年訓練所の課程を修了したものは、中学校以上の学校に在学して配属将校の教練を受けたものと同様に、徴兵時における在営期間が短縮されることになっていた。青年訓練所では、日ごろの教練はもっぱら在郷軍人の指導によって実施されたが、その成果は現役将校の査閲をうけて認定された。中河内郡の各町村の青年訓練所には、第四師団の徴募域（第四師管）の一区である堺聯隊区に所属する将校が査閲官として派遣された。松原小学校の『沿革誌』は、一九二六年一一月、一九二七年一〇月、一九二八年一一月に「青年訓練所査閲」が実施されたことを記録している。

前掲の『恵我村地誌資料』によると、恵我村にも一九二六年七月一日に青年訓練所が設置されていて、開設以来の訓練状況が次のように語られている。

設立当初は其の趣旨の存する所も了解されず、強ひて勧誘せらるるを以って入所、出席しておつたかの感があつたけれども最近漸く其の趣旨の存する所が一般に了解され勧誘を受けた入所が自発的となり、又督促された出席が其の要を見ずとの様子で、その態度も真剣、自治的に行はるるに至る。尚現在（一九三三年八月）の生徒数は五二名でこゝ数年間の平均と同じである。唯其の異なる点は質の問題だらう。数年来の平均出席四〇%に比べて、七五%以上示してゐる事でうなづけると思ふ。唯一つ本訓練所に取つて淋しく思ふのは修了者数僅かに六名を数へるに過ぎないことである。勿論そこには色々な事情があつたに違ひないが。青年訓練所の生徒のほとんどは、昼間に仕事をしなければならなかったから、訓練は業務にさしつかえない夜間や早朝を選んで実施された。仕事に疲れた体で訓練に参加するのは、なかなか容易なことではなかった。大阪府内全体をみても、当初から出席状況、訓練状況は悪かった。恵我村の青年訓練所の場合も、訓練への参加状況が良くなかったことがわかる。

一九三五年（昭和一〇）四月の青年学校令によって、明治以来の実業補習学校の制度と大正末にできた青年訓練所の制度が統合され、青年学校が設置されることになった。実業補習学校は、職業・産業教育を目的とし、青年訓練所は軍事訓練に力点をおくという違いはあったが、この二つはどちらも小学校卒業後の勤労青少年に対する公的補習機関としての性格をもっていた。両者はともに小学校に付設され、教科目の内容にも重複するところがあったから、文部省はこの二つの制度を統合する計画を進め、教練を重視する軍部の意向を受け入れつつ、青年学校の制度を発足させた。

青年学校には、普通科・本科のほか研究科や専修科が置かれることになっていた。普通科は、尋常小学校を卒業したものが入学し、男女とも二か年であった。本科は、普通科および高等小学校を出たものが入学し、男子は五か年、女子は三か年とされた。本科の男子には、青年訓練所で行っていた教練が実施され、修身及び公民科・普通学科・職業科の授業が行われた。女子には、教練の代わりに家事及び裁縫科・体操科がおかれた。本科終了後には、一か年の研究科の課程があった。専修科は、職業に関する特別の事項、たとえば簿記・裁縫・手芸・珠算などを短期間で修得させるように指導する課程で、実業補習的性格が強かった。授業は、青年訓練所の場合と同様、生徒の勤労にさしつかえない夜間や農閑期、休日などに実施するのが普通であった。

松原小学校には、一九一一年（明治四四）から裁縫学校が付設されていたが、これは一九二四年（大正一三）九月に廃止されて、実修女学校が設立された。この実修女学校は、青年学校令の公布によって、一九四二年（昭和一七）七月一日から学則変更のうえ、公立青年学校大阪府中河内郡松原実科女学校と改称した。松原小学校の『沿革誌』には、一九一八年（大正七）二月に「農業補習学校ヲ開設ス」と記されている。一九二六年には、村立の青年訓練所が設立されていたから、青年学校令の公布によって農業補習学校と青年訓練所が統合され、男子の村立青年学校が設立されたものとみてよい。なお、三宅村立青年訓練所は、一九三五年九月一日から三宅村立三宅青年学校となった。

一九三九年四月、青年学校令が改正され、男子の義務制が制度化された。一九三九年度にまず普通科一年生を義務化し、毎年一年ずつ上の学年の義務化をすすめ、本科五年が義務化する一九四五年をもって、完成させようというのであった。大阪府は、一九四〇年末から青年学校の昼間制化をすすめようとし、施設の充実を図ろうとした。だが、ほとんどの青年学校が小学校に併設されていて独立した校舎はなく、戦争の激化のなかで男子の軍事訓練はますます重視され、食糧増産をはじめとするさまざまな負担が勤労青年に強いられたから、青年学校での一般教育の充実は望むべくもなかった。今日では、青年学校の存在はほとんど忘れられているが、松原市域の村々においても、戦前戦中にこの学校で学んだ人たちの数はたいへん多かったのである。

国民学校

一九三七年（昭和一二）二月一一日、松原小学校で第一回反正天皇祭が執行された。同月一日には、その準備のために神柵が設けられ、神移式が行われた。松原村大字上田の柴籬《しばがき》神社には、『日本書紀』に仁徳天皇の皇子で第一八代天皇とされている反正天皇が祭られ、同社は反正天皇の丹比《たじひ》柴籬宮《しばがきのみや》跡であると伝えられてきた。松原村ゆかりの反正天皇を称える祭祀を通して、松原小学校児童の皇道精神発揚に役立てようというのであった。第二回反正天皇祭は、一九三八年二月一三日に行われ、一九三九年一〇月からは毎月一三日を反正天皇祭とし、職員・児童の柴籬神社への参拝、清掃奉仕などが実施された。一九四〇年になると、毎月一日の興亜奉公日にも神社参拝が実施され、靖国神社の大祭日の遥拝式と訓話、銃後後援強化週間の訓話なども学校行事となった。

天美小学校では、一九三九年一〇月に村民の寄付による大楠公銅像が校庭に建てられた。松原小学校では、一九四〇年七月一三日に、村民の寄付で建立された大楠公像と御真影奉安殿の除幕落成式が挙行された。恵我小学校では、戦時下の食糧増産を目的として、一九三九年から恵我住宅休閑地を借り受け、児童の手で耕作が始められた。

楠公銅像の見送り（1943年）、『天美百年史』より

一九四一年（昭和一六）三月、教育を戦時体制に即応させるため、国民学校令が公布され、尋常・高等小学校は国民学校初等科・高等科と改称された。この年一二月に太平洋戦争が始まった。一九四三年になると、天美国民学校と松原国民学校の大楠公銅像が戦争資材として回収された。松原小学校の『沿革誌』には、六月二一日「楠公銅像抜魂式ヲ行フ」と記されている。天美国民学校では、楠公像を見送ったあと、銅像に代えて金剛山から掘り出したという大きな石が台座に据えられ、「七生滅敵」と刻まれた。同年七月には、中河内郡南部教育会主催の修養会が阿麻美神社で開催され、南部各校の男性職員が参加した。松原国民学校の学校日誌をみると、一〇月三日軍人援護に関する勅語奉読式挙行、一六日靖国神社臨時大祭により遥拝式挙行、二九日枚岡神社における師道昂揚式に校長出席と続き、一〇月三〇日には、大字新堂の軍需工場で女性職員による勤労奉仕が実施されたと記されている。

一九四四年、戦局はますます悪化した。出征していた松原市域の国民学校の先生にも戦死者が出た。七月には、恵我国民学校の訓導二人が戦死した。一〇月には、布忍国民学校の訓導が大鳥島（ウェーク島）で戦死した。この訓導は一九四一年三月三一日付で布忍国民学校に赴任し、四二年四月に出征していた。

2　専門学校と中等学校

帝国女子薬学専門学校

『大阪薬科大学八十年史』（一九八四年刊）によると、帝国女子薬学専門学校（現・大阪薬科大学）が北河内郡守口町大字土居（現・守口市梅園町）の旧校舎から、南河内郡北八下村《きたやしも》大字河合（現・松原市河合二丁目）の新校舎に移転したのは一九三二年（昭和七）一〇月のことであった。同校が北八下村に新校舎の敷地約一万坪を購入したのは一九三〇年九月であり、翌一九三一年六月に校舎建築の認可がおり、一九三二年八月に鉄筋コンクリート造三階建（一部塔屋四階建）、延坪数約一三七七坪の新校舎が完成した。

北八下村は、西除川《にしよけ》をはさんで松原村の南西に隣接し、大字河合は松原村大字高見のすぐ南に位置していた。大字河合の集落からまっすぐ北に進むと、流れを北から西に変えた西除川にぶつかり、川を渡るとすぐ北に高見の集落があった。一九五七年（昭和三二）一〇月、北八下村は堺

帝国女子薬学専門学校、『大阪薬科大学八十年史』より

市と合併したが、この時大字河合だけが松原市と合併した。
帝国女子薬学専門学校の新校舎は、西に流れを変えた西除川と河合の集落の間に広がる田園の中に建てられた。同校の移転にともない、大阪鉄道は布忍駅と河内松原駅の間に位置する高見の集落のすぐ北側に、通学用の駅を新設した。この駅は、高見の里と名づけられた。新校舎完成までに西除川に架けられた新西除橋も竣工し、一九三二年一〇月から、高見の里駅で下車した女子学生が田んぼの中を通学する光景が見られるようになった。
前掲『大阪薬科大学八十年史』によると、帝国女子薬学専門学校は、大阪市北区今井町の私立大阪薬学校内に設置された夜間の薬学講習会に始まるという。一九〇四年（明治三七）には、東区道修町《どしょうまち》三丁目の町会所を校舎とする大阪道修薬学校が設立された。その後若干の変遷ののち、一九二〇年（大正九）に高等女学校卒業以上を入学資格とする三年制の女子薬学部が設置された。翌一九二一年には、中学校卒業以上を入学資格とする男子三年制薬学部の生徒が募集されたが、この年の男子生徒の募集を最後に、設立以来の男子に対する教育は打ち切られた。一九二四年、女子薬学部は東成郡天王寺村（現・大阪市）から守口町（現・守口市）の新校舎に移転し、翌一九二五年一月に道修女子薬学専門学校となった。各種学校だった道修薬学校が、専門学校に昇格したのである。道修女子薬学専門学校は、一九二五年一〇月に帝国女子薬学専門学校と改称し、一九二六年四月から四年制となった。一九二七年（昭和二）には、卒業と同時に薬剤師免許が与えられる薬剤師法第二条二項の指定校となり、成績優良者には中等学校化学の教員免許が与えられた。一九二九年には、学生定員が四八〇人から六〇〇人に増やされた。同校は手狭になった旧校舎に代えて、専門学校にふさわしい新校舎建設の計画を立て、敷地を北八下村河合に求めた。

新校舎の落成式は、一九三二年一一月二日の午前に行われた。午後の祝賀会では、軍事教官の指揮のもとに、女子学生六〇〇人の分列行進が運動場で繰り広げられた。同校では、河合の新校舎への移転以前から女子学生に対し教練を模した軍事訓練が実施されていて、その後も同訓練には熱心であった。落成祝賀会直後の一一月一三日には、陸軍特別大演習が河内平野一帯で行われた。この時、同校の新校舎が野外統監部に指定され、閑院宮をはじめとする皇族・陸軍高官の来訪があったと、『大阪薬科大学八十年史』に記されている。その後もしばしば、女子学生に対する教練を模した訓練の視察を目的として皇族が来校したというから、同訓練は特別な評価を受けていたものと思われる。やがて、戦時体制へと移行するなかで、教練を模した訓練のほか、防空演習、鍛練強歩、耐寒行軍などの実施回数が増えていった。

大鉄工学校の校庭、『大鉄高等学校30周年記念誌くろがね』より

大鉄学園

大鉄工学校は、一九三九年（昭和一四）四月に藤井寺球場の仮校舎で開校し、同年四月に天美村大字池内の新築校舎に移転した。同校は、実業学校令によって設置された二年制の工業系実業学校であり、機械科と電気科を置いていた。校名を大鉄としたのは、大阪鉄道株式会社の社長であった佐竹三吾の支援を得て設立されたからである。初年度の入試事務は、阿倍野の大阪鉄道本社で行われ、入学試験は天美小学校の校舎を借りて実施された。二年後の一九四一年三月に、同校は財団法人大鉄学院の許可を受け、同年四月から五年制の大鉄工業学校を開校した。この大鉄工業学校が戦後に大鉄高等学校となり、財団法人大鉄学院は一九五一年（昭和二六）二月に学校法人大鉄学園となった。

大鉄学園の創設者である小林菊治郎は、『大鉄高等学校三〇周年記念誌』（一九六九年刊）に寄せた「三十年今昔」と題した文章の中で、「満州事変が起り、それが日支事変に発展した昭和十二年頃、産業技術者の養成は緊急」のこととなったと記し、「教育の場をもちたい」というかねてからの念願が実現する「天の時は正に到来した」と書いている。大鉄工学校と工業学校の設立の背景には、総力戦下の軍需工業を支える産業技術者の育成という時代の要請が存在したのであった。同記念誌によると、工学校と工業学校の初代校長となった京都帝国大学名誉教授で工学博士の金子登は、校長就任の条件として「校庭に伊勢の皇大神宮」を祀ることをあげ、「真に神をうやまう精神に浄化された技術者を養成するというなら」引き受けてもよいと述べていた。近代戦に不可欠な工業技術と純真無垢たる敬神の念を一体化するというのが、戦時下に設立された同校の教育理念だったのである。

一九四三年（昭和一八）一月、中等学校令が公布され、中等学校を区分して中学校、高等女学校及び実業学校とすると定められた。これによって、これまでは修業年限が同じであっても、中学校令による中学校とは制度上別扱いされていた実業学校が、同じ中等学校としての枠組みでとらえられるようになった。この時、中学校・高等女学校・実業学校の修業年限が一年短縮されて四年制となり、四月一日から実施された。大鉄工業学校の五年生は、同年一二月に繰り上げ卒業した。翌一九四四年一月の閣議で、緊急学徒勤労動員方策要綱が決定されて四か月の継続動員が定められ、次いで三月の閣議で学徒勤労動員の通年実施が決定された。四月一七日には学徒動員に関する文部大臣の訓令が発せられ、中等学校三年以上男女生徒の軍需工場などへの通年動員が始まった。やがて低学年にも動員が及ぶようになった。大鉄工業学校では三年生以上の生徒が日満鉄工・ミカドプロペラ・藤永田造船・河野鋳工などの軍需工場に動員され、二年生以下の生徒は学校で工業技術の勉強を続けた。前掲記念誌掲載の教員及び卒業生の座談会記録「戦中から戦後を顧みる」と「終戦前後の大鉄生活」には、教練が特別厳しかったことや、同校が生駒に設けていた練成道場での神式修養や農耕訓練のことなどが記されている。なお、同校校舎東側の実習場が、一九四三年から憲兵隊の兵舎として使われた。

ところで、一九四四年に大鉄工業学校機械科に入学した角野韶炳所蔵の一年A組二年A組と記された『生徒手帳』をみると、「宣誓」「修学綱要」「生徒心得」の部分が、戦後まもなく学校の指示で書きかえられたことがわかる。元の活字印刷の上に紙を置いて、新しい文章を生徒に書かせているのである。活字印刷された元の「宣誓」には、「八紘一宇ノ皇謨《こうぼ》ニ基キ、東亜新秩序ノ建設に挙国邁進シツツアルノ秋《とき》、吾青年学徒ハ恒ニ本校修学綱要ノ旨ヲ体シテ各々其ノ分ニ奉公シ以テ時艱《じかん》克服ニ奮起スルト共ニ、誓ツテ万民翼賛ノ臣民ヲ完ウセンコトヲ期ス」と記されていたのを、「旧来ノ陋習《ろうしゅう》ヲ破リ、輝ク民主日本ノ建設ニ挙国邁進シツツアルノ秋、吾青年学徒ハ恒ニ本校修学綱要ノ旨ヲ体シテ各々其ノ分ニ奉公シ、誓ツテ負荷ノ重責ヲ完ウセンコトヲ期ス」と書きかえられた。「修学綱要」には、「教育勅語ノ聖旨ヲ奉戴シ、滅私奉公ノ皇民タルベシ」と記されていたのが、「勤労ヲ愛好シ誠実以テ奉公スベシ」と書きかえられている。終戦とともに、これまでの「東亜新秩序ノ建設に邁進」する「皇民」を作る教育から、「民主日本ノ建設」を担う「自治的」で「自己ノ個性」を大切にする新日本国民を作る教育に切り替えられたのである。

一九四七年（昭和二二）三月に、六・三・三・四制を規定した学校教育法が公布され、四月一日から新制の小学校と中学校が発足した。この時、大鉄工業学校に新制の大鉄中学校が併設された。翌一九四八年四月、大鉄工業学校を大鉄高等学校と改称し、従来の工業課程を商業課程、普通課程に変更した。一九四九年三月には、工業学校最後の生徒一三六人と高等学校三六人が卒業した。一九五二年には高等学校に電気課程が設置され、五三年に機械科も設置された。一九五三年には、大鉄中学校の生徒募集が中止された。その後一九五六年に高等学校普通課程の生徒募集が中止されたが、一九六四年に再開設された。日本経済の高度成長期にあたる一九五〇年代後半から一九六〇年代にかけて大鉄学園は大いに発展し、一九六五年に商学部商学科を置く阪南大学が創設された。

河南高校松原分校

大阪府立河南高等学校の松原分校定時制課程が、柴籬神社の北側大字上田二一七番地の町立松原中学校の校舎に開設されたのは、一九五一年（昭和二六）四月であった。河南高校の前身は、富田林高等女学校である。当時松原市域の町村には、公立高等学校が存在しなかったことから、すでに一九四八年九月の松原町議会で議案として「府立高等学校松原分校設置の件」が取り上げられていた。この議案の定時制分校設置理由には、「遠方の学校に毎日通ふ事が出来ない者、又は職業を持つ生徒、家事に従事する青年男女の為進学の便を与へると共に将来町発展の一因となる」と記されていた。この時の町議会で審議されたのは、府立農芸学校の分校設置であったが、実際には一九五一年に河南高校の分校が設置された。

松原分校の授業風景、『六十年の歩み　大阪府立河南高等学校』より

『大阪府教育委員会月報』一九五〇年一〇月号によると、一九四九年度の府内公立中学校卒業生四万二二八七人のうち進学しない者の数一万七二八五人とあり、卒業生に対する比率四〇・九パーセントと記されている。進学した二万五〇〇二人のうち、定時制入学者数は五八六三人であった。進学者全体に占める定時制への進学比率は、二三・五パーセントと高かった。中河内地域（布施市・八尾市・中河内郡町村）では、卒業生数四〇七三人のうち進学しない者が二〇五四人となっていて、進学者数が卒業生全体の半数を割っていた。中河内地域の進学者数は二〇一九人であり、このうちの三六四人一八パーセントが定時制に進んでいる。大阪府全体に比べると、中河内地域での定時制への進学比率は低かった。これは、中河内の郡部町村の中に、通学に適した定時制高校のない地域が存在したことが一因であった。前掲一九五〇年一〇月の教育委員会月報には、「距離や交通事情等で進学の希望があっても事実上しめ出しを喰う地域もある」と記し、定時制高校の新設が必要な地域として、「三島方面の高槻島本」「北河内方面の交野津田」「中河内方面の松原」「南河内方面の赤坂」の四地域をあげていた。戦後まもない当時にあっては、「松原を一円とした地域」には、高校に行きたくても定時制が近くにないために進

学を断念せざるをえない少年や少女が多かったのである。

一九五一年五月の『大阪府教育委員会月報』によると、松原分校開校初年度の募集人員は一〇〇人、志願者一〇六人、入学許可者九〇人であった。この年新設された府立高校の定時制は、松原分校のほかに四條畷高校交野分校・富田林高校赤坂分校・佐野工業高校泉岬分校と、天王寺・三国丘両校の本校に開設された定時制課程であった。なお、府立と市立を合わせた一九五一年度の大阪府内公立高校定時制は、本校併設四一、分校二一であった。これらの府内公立定時制全体の一九五一年度の募集人員は七九二〇人、志願者九七八〇人、入学許可者七八四三人であった。

松原分校開校二年目一九五二年度の「学校要覧」によると、在学生徒数は二年生八一人、一年生七二人の計一五三人となっていて、このうち男子生徒が一一四人、女子生徒は三九人であった。生徒の年齢をみると、一五歳から一八歳までが一三一人、一九歳から二一歳までが一六人、二二歳以上が六人であった。生徒の住所は、松原町四九人、恵我村一二人、三宅村七人、布忍村九人、天美村二人となっていて、松原市域の町村に在住する生徒が七九人、全体の五一・六パーセントを占めていた。ほかに、南河内郡の丹南村・道明寺町・藤井寺町などから通学する生徒が比較的多かった。その大部分は、自宅からの通学生であった。父兄の職業は、農業が六二人、商工業三〇人、公務員及び銀行会社員二九人などとなっている。勤務先を持つ生徒は四三人と記されているから、七割以上の生徒が農業または家業及び家事従事と推測される。一九五四年度の「学校要覧」には、四年生六三人、三年生五五人、二年生五七人、一年生七四人とあり、普通科九五人、商業科一四四人、家庭科一〇人と記されている。家庭科志望の生徒が極端に少なく、開校四年目から同科の募集は停止された。

一九五四年の四年生六三人は、五一年四月の松原分校開校時の最初の入学生であった。この学年は入学時に九〇人いたから、三年間に三割減っていたことがわかる。昼間働きながらの就学は、決して容易ではなかったのである。

一九五四年五月一日現在の在学生徒数は、二四九人である。このうち、女子生徒は六〇人、全体の四分の一程度であった。勤務先を持つ生徒は一四一人であり、うち勤務地が大阪市の者三九人、松原町三三人であった。家業に就いている生徒は六九人であり、うち農業五九人、商業八人、工業二人となっている。生徒の年齢調べでは、一五歳から一八歳までが二〇四人、一九歳と二〇歳が三五人、二一歳から二四歳までが九人となっている。生徒の住所は松原町六六人、恵我村二三人、三宅村二七人、布忍村一六人、天美村一四人となっていて、松原市域の町村に在住する生徒が全体のほぼ六割を占めていた。以上のようにみてくると、一九五〇年代前半における、松原地域の後期中等教育に占めた松原分校夜間定時制の意義の大きさがうかがえる。

ところで、一九五四年から町立松原中学校の新校舎が大字新堂六〇四―一番地に建設されていて、市制が実施された翌年の一九五六年一二月に、松原中学校新校舎への移転が完了した。これにより、松原中学校の旧校舎は、河南高校松原分校が専有使用することとなった。だが、一九五〇年代後半から一九六〇年代にかけての高度経済成長期に、定時制への進学者は急速に減少した。

一九六五年四月、大阪府教育委員会は松原分校の廃校方針を決定した。同校の生徒、教職員、PTAは反対運動に立ち上がったが、廃校方針を変えることはできなかった（田中克彦「河南高校『松原分校』のこと」『八十年の歩み』大阪府立河南高等学校、一九九二年）。河南高校松原分校は、一九六六年三月末をもって廃止された。同年四月、松原分校在籍生徒は、府立河南工業高校（現・藤井寺工業高校）定時制課程に移籍された。

第六章　富田林地方の戦前・戦中

1　不況と富田林

町村の風景

昭和初期の富田林市域には、富田林町・新堂村・喜志村・大伴村・川西村・錦郡《にしこり》村・彼方《おちかた》村・東条村の一町七村があった。このうち東条村を除く一町六村が、太平洋戦争下の一九四二年（昭和一七）四月に合併して新しい富田林町となった。この新しい富田林町は、戦後の一九五〇年（昭和二五）に市制を実施して富田林市となった。一九五七年一月には、富田林市と東条村が合併して、現在の富田林市域が定まった。

第一次世界大戦後の一九二〇年（大正九）一〇月に実施された最初の国勢調査によると、富田林市域一町七村の人口は、一万九五七一人であった。一〇年後の一九三〇年（昭和五）の国勢調査では、二万一〇六一人であったから、この間に富田林市域の町村の人口は、一・〇八倍、一四九〇人増加しただけであった。富田林町の人口は一九二〇年に三六一八人、一九三〇年に四四七〇人であったから、この間に八五二人増加していて、富田林市域全体の増加人口の六割近くを占めていた。富田林町を除く富田林市域の村々の人口は、大正中期から昭和初期にかけてさほど増加することはなかったのであり、東条村についてみると、一九二〇年の二〇六二人から一九三〇年の一八六二人へと人口の減少がみられた。山村の東条村では、流出する人口が大きかったのである。ところで、一九三〇年における東条村を除く富田林市域一町六村の人口は一万九一九九人であった。一九四〇年には一・一六倍二万二一八九人となり、一町六村合併後の一九四三年の新しい富田林町の人口は二万二九六三人、一九四四年二万二九四四人と推移したが、一九四五年になって三万二三八〇人と激増した。東条村においても、一九四〇年の人口は一八七四人であったのに対して、一九四六年には二四五一人に増加していた。太平洋戦争末期の空襲による都市の壊滅が、農山村だった当時の富田林市域の町村の人口を急激に増加させたのであった。

大正末から昭和初期にかけて、富田林市域の町村の交通の便はしだいに良くなっていた。大阪鉄道（一九四三年に関西急行鉄道に合併、現・近鉄南大阪線、河内長野線）が、道明寺から布忍に延長線を敷設し、さらに大阪阿部野橋まで延ばして、道明寺と阿部野橋間の電車運転を開始したのは一九二三年（大正一二）であり、翌二四年には在来線の柏原と長野間も電化された。一九二八年（昭和三）には、古市と久米寺を結ぶ大和延長線の完成（一九二九年三月）に先立って、道明寺と古市間の複線運転が開始された。大阪鉄道の拡張と電化によって、富田林と大阪阿部野橋とが、四四分で結ばれることになった。大阪市と直結された鉄道の便が、南河内の中心都市として発展してきた富田林町の人口をさらに増加させたものと考えてよい。

一九二八年の『大鉄電車沿線名所案内』には、「近時富田林の膨張」と記され、隣接する新堂村は竹簾《たけすだれ》の生産地として著しく発展していて、「今や両町村合併の機運に向かっている」と書かれていた。一九三〇年の国勢調査による新堂村の人口は三八五七人で、富田林市域の他の村々より千数百人多く、富田林町に次いで二番目であった。前掲の「沿線名所案内」には、富田林駅発送の主要貨物として、木材、綿布、雑貨、竹製品、米穀、人造真珠があげられている。富田林の官公庁として、富田林警察署、富田林郵便局、堺区裁判所富田林出張所、富田林税務署があげられ、金融機関として富田林銀行、国分銀行支店、金剛無尽株式会社の名が記されている。ほかに河内紡績株式会社などの工場や小児科、X線科、婦人科、歯科等の医院名や主な旅館料亭の名があげられていた。

なお、富田林市域のバス路線についてみると、一九二六年（大正一五）三月に大鉄喜志駅と春日を結ぶ太子口乗合が開業し、同年四月に金剛乗合が富田林町毛人谷《えびたに》と千早村間の運行を開始した。一九二九年（昭和四）には不動乗合が開業し、彼方村と東条村を結んで運行した。乗合自動車の車種は、二八年式または二九年式フォードで、定員は五人ないし六人程度であった。

富田林町の新事業

一九二六年（大正一五）一二月、富田林町では杉田善作町長が病気のために辞任し、助役の北野忠治が第六代町長に就任した。一か月後の一九二七年（昭和二）一月三〇日付『大阪時事新報』には、「富田林の火葬場移転漸く具体化す」との記事が掲載されていて、近時同町がだん〳〵発展するに伴ひ、同火葬場が人家に接近してきてその移転に迫られてきた」と記し、町当局は「過般主務当局に之れが移転費一万円の低利資金の借入方を申請すると同時に、該移転候補地の物色に努めてゐる」と報じていた。富田林町は、この年暮れに、火葬場改築を含む新しい事業計画を発表していて、一九二七年一二月七日付『大阪朝日新聞』朝刊は、「富田林町の新事業」の見出しで、次のように報じている。

大阪府南河内郡富田林町では、既報のとほり道路、下水、火葬場新改築のため予算不足額四万円の町債を起債することになつたが、この計画内容は左の如く決定した。

道路改新築事業――（一）学校前駅より堺筋に至る幅員三間、長さ百九十二間の新設。（二）古御坊より稲葉に通ずる幅員二間長さ百七十間の改修新設。（三）富田林より大深《おおけ》に至る幅員二間長さ百十間の改修新設。（この工費三万一千百円）。

下水道改良事業――町の中央部より東西に貫通、石川へ注ぐ幹線を幅員五尺高さ六尺の鉄筋コンクリート暗渠《あんきょ》式に改築しこの延長二百間、ほかに支線も改良（この工費一万八千円）。

墓地火葬場改築――墓地の整理を行ひ、新式の火葬釜五個を新設（この経費一万円）。

表29　富田林町の歳入内訳

費目＼年度	1931		1932		1933	
	円 銭	%	円 銭	%	円 銭	%
財産より生ずる収入	413.42	0.6	300.36	0.4	325.23	0.5
使用料及び手数料	3,256.70	4.6	3,121.10	4.2	3,388.20	5.1
交付金	1,071.32	1.5	792.46	1.1	699.15	1.1
国庫下渡金	5,115.13	7.2	5,324.32	7.2	5,236.41	7.9
国庫補助金	6.73	0.0	607.31	0.8	631.21	0.9
府補助金	1,028.12	1.4	3,647.27	5.0	1,036.79	1.6
寄付金	688.85	0.9	1,102.96	1.5	1,618.53	2.4
繰越金	37,618.59	52.8	33,899.23	46.0	28,555.39	43.1
雑収入	1,118.97	1.6	114.56	0.2	121.42	0.2
町税	20,904.07	29.4	24,751.38	33.6	24,649.30	37.2
総計	71,221.90	100.0	73,660.95	100.0	66,261.63	100.0

（注）各年度富田林町「歳入歳出決算報告書」から作成。

なほ各項にわたる設計はすでに完成したので、遠からず工事に着手の予定である。

右の新事業計画は、大正後期における富田林町の発展に対応したかたちで立てられたものであった。同町では、起債のうえ早々に着手し完工する予定であったが、道路用地の買収に伴う一九二八年暮れの町議会の紛糾と翌二九年初めの町長辞任に続いて、三〇年秋には同町歳計現金預け入れ銀行たる富田林銀行が破綻休業したために、この事業計画の実施は大幅に遅れることとなった。

表29は、富田林町の歳入決算額の内訳を示したものである。一九三一年の同町の歳入総額は、七万一二二一円九〇銭であった。このうち、繰越金が三万七六一八円五九銭となっていて、歳入総額の五二・八パーセントも占めていた。同年度予算では、繰越金は五〇一四円となっていたから、繰越金の決算額が予算よりも三万二六〇〇円も多か

ったことになる。この著しい予算額と決算額の差について、「昭和六年度富田林町歳入歳出決算書」は、「曩《さき》ニ休業セル町歳計現金預入銀行の和議法ニヨル和議成立ニ付、預入金払出ノ制限アルニヨリ、已ムナク計画セル事業ヲ遂行スルヲ得ザルニヨル」と説明していた。「計画セル事業」とは、「墓地火葬場改築、下水道改良並ニ道路新設」であった。前にあげた新聞記事では、この事業のための起債額は四万円と報じられていたが、富田林町は必要起債額を三万五〇〇〇円と決定し、これを日本勧業銀行から借り入れていた。同町は、この借り入れ金のほとんどを一九三〇年度の歳出として、三一年中に支出してしまうことにしていた。ところが、現金預け先の富田林銀行が破綻したために計画事業が実施出来ず、一九三〇年度（実際には三一年中）に支出してしまうはずの金額が、三一年度の歳入決算の繰越金として残った。

破綻休業した富田林銀行の債権者会が開かれたのは一九三一年七月であり、和議が確定したのは同年一二月であった。富田林銀行の払い出し制限は、一九三二年三三年と続き、その結果、富田林町の三二年三三年の歳入総額に占める繰越金の百分比は四六パーセントないし四三パーセントという高い数値を示した。ただし、年額五〇〇〇円程度の預金引き出しが可能となったので、一九三二年と三三年には火葬場の改築が実施され、両年度とも火葬場営繕費二〇〇〇円が支出された（表30参照）。一九三三年の「富田林町事務報告」には、「墓地火葬場ハ大半工事終リ、昭和九年度ニ於テ完成スル見込ニテ、之ガ完成ノ暁ハ衛生上万事遺憾ナキモノト認ム」と記されている。なお、これと並行して、不況下の農村新興土木事業と重なる形をとりながら、かねて計画の

表30　富田林町の主な歳出費目と決算額

	費目＼年度	1926		1931		1932		1933	
		円 銭	%	円 銭	%	円 銭	%	円 銭	%
経常部	役場費	9,294.31	22.4	9,043.39	24.2	9,952.08	22.1	9.813.55	21.9
	土木費	824.13	2.0	427.37	1.1	599.78	1.3	966.69	2.2
	小学校費	14,997.44	36.2	15,292.42	41.0	15,741.56	35.0	16,388.35	36,6
	青年訓練所費	384.50	0.9	767.98	2.1	792.36	1.8	816.18	1.8
	幼稚園費	1,584.18	3.8	1,713.00	4.6	1,747.44	3.9	1,801.89	4.0
	裁縫女学校費	1,159.99	2.8	—	—	—	—	—	—
	伝染病予防費	1,333.34	3.2	89.32	0.2	164.07	0.4	108.08	0.2
	汚物掃除費	—	—	1,145.98	3.1	1,179.65	2.6	1,195.41	2.7
	火葬場費	126.68	0.3	1.30	0.0	3.81	0.0	—	—
	公設市場費	430.52	1.0	430.44	1.2	573.97	1.3	474.34	1.1
	勧業諸費	120.00	0.3	60.00	0.2	60.00	0.1	60.00	0.1
	警備費	486.46	1.2	254.55	0.7	398.62	0.9	195.22	0.4
	基本財産造成費	1,663.00	4.0	690.57	1.9	596.00	1.3	604.00	1.3
	財産費	137.57	0.3	175.59	0.5	175.59	0.4	175.59	0.4
	諸税負担	1,157.09	2.8	737.65	2.0	738.55	1.6	681.62	1.5
	その他	458.97	1.1	398.23	1.1	359.23	0.8	375.20	0.8
	計	34,158.18	82.5	31,227.79	83.8	33,082.71	73.6	33,656.12	75.2
臨時部	土木費	—	—	1,603.88	4.3	5,084.47	11.3	2,989.82	6.7
	公債費	6,159.22	14.9	3,502.83	9.4	3,513.03	7.8	3,358.44	7.5
	補助金	1,100.00	2.7	961.57	2.6	1,030.53	2.3	1,721.89	3.8
	火葬場営繕費	—	—	—	—	2,000.00	4.4	2,000.00	4.5
	陸軍特別演習関係費	—	—	—	—	164.45	0.4	—	—
	上水道敷設調査費	—	—	—	—	—	—	1,000.00	2.2
	その他	—	—	26.60	0.1	70.04	0.2	30.00	0.1
	計	7,259.22	17.5	6,094.88	16.2	11,862.52	26.4	11,100.15	24.8
総計		41,417.40	100.0	37,322.67	100.0	44,945.23	100.0	44,756.27	100.0

（注）　表29に同じ。

道路の改修新築に着手したようである。

喜志村の経済更生運動

大阪府内では、経済更生運動実施初年度の一九三二年（昭和七）に、一町一三村が経済更生村に指定された。南河内郡では、喜志村と磯長《しなが》村が指定を受けた。この指定を受けると、府から助成金が交付され、村長を会長とする経済更生委員会が組織され、この委員会を中心に学校、在郷軍人会、青年団、婦人会など、あらゆる機関を動員し、村の総力を傾けて更生計画が実施されることになっていた。

喜志村の更生計画は、「耕地拡張」「授産」「農業経営組織ノ複雑化」「生産ノ改良増収」「経済行為ノ是正」「自給自足ノ拡充」「教育教化」「社会教化」の八項目を柱としていた。このうち、まず力が入れられたのは、村民の精神作興を目的とした教化活動であった。更生委員会教化部長となった喜志小学校長を中心に、学校職員・生徒児童・青年団・軍人会・処女会・婦人会などが実行主体となって計画を推進した。具体的には、祝祭日における国旗掲揚の励行、月二回の神社参拝、道路や神社境内の清掃奉仕、郷土教育などが行われた。これによって、国家観念を強化し、犠牲心や隣保相助の精神を養おうというのであった。「社会教化」の中心は、「虚礼ノ廃止ト冗費ノ節約」であり、実行機関は村及び区、産業組合、緊縮委員であった。

計画第一年から第二年には、「生産ノ改良増収」「経済行為ノ是正」に力が注がれた。「生産ノ改良増収」計画は、第二年度実施予定の「農業経営組織ノ複雑化」と対の形をなすもので、とくに蔬菜栽培の励行と増収、養豚や養鶏の奨励といった多角的経営に力点をおいて、農家経済の立て直しを図ろうとするものであった。「経済行為ノ是正」計画は、「自給自足ノ拡充」と対をなしていて、醤油・肥料・藁製品などの村内自給の拡充を図るとともに、肥料・日用品などの共同購入と農作物の共同販売の徹底化を通して、増収を実現しようというのであった。これらの計画の実行機関は、産業組合・農会・農事実行組合であり、とくに農事実行組合の増設と活動の充実に力が入れられた。

喜志村の更生計画が四年目に入った一九三五年五月、大阪府経済更生委員会の視察が実施され、県《あがた》忍府知事・大阪府農務課長ら一二人が同村を訪れた。二九日午前中に、村内各施設や工場などの視察が行われ、午後から小学校講堂において喜志村経済更生委員らと座談会が開かれた。当日の視察順序は、産業組合、共同作業場、農業倉庫、塩谷メリヤス靴下工場、森田ミシン掛工場、農業振興土木事業道路（喜志村停車場平線）、宮農事実行組合、宮籐《とう》細工製造工場、粟ケ池堤防改築工事稲作集団指導地、金澤光珠製造工場、明尊寺託児所、石川の流作地、石川家禽園であった。

一九三五年七月の『大阪府農村経済更生概要』には、この時の視察記録が収められていて、「村勢の概観」として次のように記されている。

喜志村ハ南河内郡ノ平野ニアル府下ノ代表的農村デアル。戸数四百二十八戸人口二千三百十七人、耕地面積百九十余町歩、農産物ハ米麦ノ外、特産物トシテ一寸蚕豆《そらまめ》及豌豆《えんどう》ガアリ、又西瓜、里芋ノ生産モ相当ニアル。何分耕地ハ農家一戸当六反四畝ノ僅少デアル為、自然ニ各種ノ手工業ガ村内ニ発達シ、之等ノ為村民ノ経済ハ決シテ悪イ方デハナイ様ニ見エルガ、ソレデモ調査ノ結果ハ全村ノ収支ハ赤字トナリ、負債ノ超過額モ二万四千円トナツテ居ル。

右の文中の「各種ノ手工業」とは、ミシン掛け、籐細工、メリヤス靴下及び軍手の製造であった。これらの仕事には、農家の女性が家計補助の手内職として従事しており、多少の現金収入もあったが、農家の多くは負債を抱えている状態だというのであった。

同視察記によると、喜志村の産業組合は一九二六年（大正一五）に共同作業場を設置していて、精米機・籾摺《もみすり》機・麦摺機・豆粕《まめかす》粉砕機・肥料粉砕機・製粉機などを備え、肥料配合所を持っていた。組合の付帯事業として、養鶏の奨励、託児所の助成、氏神朝参会の奨励、巡回文庫、組合嘱託の助産婦派遣などが従来から行われてきた。ところが、これらの事業や設備の利用度が低いため、十分な成果をあげていないというのである。村経済の立て直しのためには、「経済更生ノ中枢機関」たる産業組合の活動がさらに活発化され、「組合員ノ組合ニ対スル信頼ヲ高ムル」よう事業の刷新が望まれるとされていた。

「村農会ノ事業」については、増産・増収のため努力されている旨の記述がみられる。更生計画二年目から実施された農業経営多角化のための蔬菜栽培の奨励について、「葱頭《たまねぎ》、茄子《なす》、蕃茄《ばんか》、葉菜等ノ栽培ヲ奨励シタ為メ七年度ニ比シ八年度ハ之等ノ作付地ガ合計デ九町一反歩増加ヲ見テキル」とあり、産業基礎団体としての農事実行組合については、「既設六組合ノ外新ニ三組合ヲ設置シ、予定通リ各部落ニ普及スルコトトナリ」、「豌豆、蚕豆、果物等共同販売、優良農具ノ利用、肥料其他ノ共同購入、下肥共同貯蔵、貯蓄ノ奨励等ニ見ルベキ実績ヲ示シテ居ルノハ結構ナ事デアル」と記されている。なかでもこの時の視察対象であった宮農事実行組合は、「五十三人ノ組合員ガ役員ノ指導ノ儘ニ渾然一致シテ好成績」をあげていた。宮農事実行組合のような大字単位での農家の組織化は、帝国農会・郡市農会・町村農会といったいわゆる系統農会の上からの指導のもとにすすめられ、経済更生運動推進のうえで重要な役割を果たした。

富田林町の行政

『昭和三年富田林町勢一覧』は、当時の富田林町の様子を伝える大切な資料の一つである。この町勢一覧は、B四判を横に二枚つなぎ合わせた大きさの紙に謄写印刷したもので、富田林町の人口、財政、交通、教育、兵事、産業などに関する統計が表やグラフで示されている。付図としてB四判謄写刷の「富田林町全図（縮尺六千分ノ一）」が付けられている。この地図には、一九二八年一月二八日の日付があり、警察署・税務署・登記所・郵便局・町役場・元郡役所・公設市場・銀行などの所在地が記されている。大鉄線（現・近鉄線）の西の方には、河内紡績会社の大きな建物と河南高等女学校（一九二八年三月三一日、富田林高等女学校と改称）があるほかは、ほとんど田んぼばかりである。丘陵の上の方まで住宅が立ち並んでいる今とは、隔世の感がある。学校前駅（現・富田林西口駅）の南東にも田んぼが広がり、その中に富田林小学校が建っていた。

町勢一覧の交通の項目をみると、車の数が「乗用」と「荷積」に区分して記されている。自動車は、「乗用」が三台あるだけであった。自転車は三九四台、人力車が九台あり、「荷積」として馬車二台、牛車三台、荷車が一七五台あった。荷物の運搬には、牛や馬を使うほかは、ほとんど人力に頼っていたのである。「警備」の項には、消防手三八人、自動ガソリンポンプ一台、手動ポンプ一台、防火用水溜一二か所とある。役場の吏員は、町長の下に助役二人（一人は名誉職、一人は有給）、収入役一人、書記四人、雇員一人の計九人であった。

五年後の一九三三年の「富田林町事務報告」をみると、役場内の吏員数は町長以下九人で従来と変わらないが、この年二月に町営の公益質屋が開業していて、ここに事務員一人、鑑定人一人の計二人の吏員が新たに置かれたことがわかる。公益質屋の設置について、一九三二年の事務報告は、「経済界ノ不況其極ニ達シ、就中《なかんずく》 地方農業者及小商工業者ノ窮乏益々加ハリ、其ノ生活年ト共ニ困難ナルニ至レリ」「加フルニ本町の如キ銀行ノ閉止以来一般ノ金融梗塞枯渇シ」「庶民ノ収入ヲ減ジ生活ノ不安愈々深刻ニナリツツアリ」「之カ打開策トシテ」、一九三一年暮れから事業計画が進められたと記している。公益質屋は、一九三二年一二月に起債の許可を受け、政府低利資金二万一五〇〇円に町費一五〇〇円を加えた総額二万三〇〇〇円を資金として設置された。このほか、一九三二年中に塵芥焼却場の新設工事が実施され、三三年には上水道敷設のための準備が進められた。一九三二年の事務報告は、塵芥の処理について次のように記している。

本町内ニ生ズル塵芥ハ極メテ多量ニシテ、之ガ処理ニ衛生人夫ヲシテ日々各戸ヨリ生ズル塵

富田林の街並（1934年）、富田林市提供

芥ヲ蒐集セシメ、石川沿岸ニ投棄セシ処、堆積量倍々増加シ衛生上ヨリモ此儘ニナシ置ク能ハズ。依テ昨年隣村新堂村大字新堂ニ於テ土地ヲ借入レ、焼却場ヲ新設スルコトニ決シ、本年一月六日許可ヲ受ケ工事ニ着手セリ。

南河内の政治、経済の中心地であり、人口の多い富田林町では、年々塵芥量が増加していて、これまでのような石川沿岸への投棄では処理しきれない状態になっていたのである。一九三三年の事務報告には、昨年焼却場を「新築シ多量ノ塵芥焼却ナシ居レリ」「塵芥処理上遺憾ナカラシム」と記されている。同年の事務報告の「勧業事務」の記載をみると、「商業ハ本町総戸数ノ三分ヲ占メ居リ、近年打続ケル一般的不況ニ悩ミ居リシモ、当局ニ於テ之ガ匡救ニ努力セシ結果旧ニ挽回シツヽアリ」と記されている。一九三二年には、「其不振甚シ」と述べられていたから、三三年になって商業面の景気がやや回復しつつあると考えられていたことがわかる。「税務会計事務」についての一九三三年の記述には、「一昨年来ヨリ多少ノ滞納者ヲ出シタルハ遺憾トスル所ナリ」としつつも、国税の滞納額は「昨年ヨリ三百余円ノ減額ヲ見タリ、府税並ニ町税ニ於テモ国税同様半減又ハ七分ノ一ニ減少」とあり、「誠ニ良好ナル成績」と書かれている。一九三三年一二月には、富田林財務出張所の府職員立会のもとに、府税の「逋税者《ほぜい》（脱税者）」の一斉検挙が実施された。その結果は、「自転車無鑑札ナシ、府税営業税ナシ、雑車無鑑札一件、女給税一件」という「上成績」であった。一九三一年三二年の不況のどん底期に、十数年来の富田林町の国税「完納ノ実績」は崩れたが、一九三三年には、国税・府税ともに収納状況が好転したのである。ところで、一九三三年の事務報告は、「警備」の項に、「消防組ノ定員ハ三十八名（内、組頭一名小頭四名）消防器具ハ瓦斯倫喞筒《ガソリンポンプ》二台腕用喞筒一台」と書いたあと、「八年度ニ着工セントスル上水道完成ノ上ハ防火ニ完璧ヲ期スベシ」と記していた。この年富田林町は、臨時歳出として上水道敷設調査費一〇〇〇円を支出し（二〇一頁の表30参照）、数年来の懸案であった上水道敷設事業にとりかかった。

富田林町の上水道

「富田林町上水道敷設」の議案が町会で可決されたのは、一九三三年（昭和八）九月二九日であった。同議案には、「本町発展ノ情勢ニ鑑ミ飲料水ノ改善ト防火設備ノタメ上水道ヲ敷設スルモノトス」とあり、理由書に次のように記されていた。

本町ハ南河内郡ノ中央ニ位シ、道路四通発達シ、大阪市ニ起点ヲ有スル大阪鉄道ハ本町ノ中央ヲ南北ニ貫通シ遠ク長野町ヲ経テ和歌山市ニ通ス。本町内ニ一駅一停留所ヲ有シ交通便ニシテ、府立中学校女学校ヲ始メ各官衙所在シ、商工業盛ニシテ南河ノ枢要ナル一都市タリ。加之西ニ羽曳野山脈ヲ控へ、東南ニ石川ノ清流ヲ隔テヽ楠氏ノ遺跡金剛ノ峯ヲ望ミ風光美ニシテ領域狭シト雖モ人口稠密シ誠ニ安住ノ地ナリ。尚本町ノ西部ニ在ル羽曳野山脈ニハ遊園地ノ目論見モ之有、且ツ近ク産業道路ノ着工セラルベク之カ完成ノ暁ニハ将ニ昔日ノ面目ヲ一新セムトス。然ルニ町民ノ最モ遺憾トスル所ハ未ダ上水道ノ設備ナキコトナリ。由来本町ハ上水ニ乏シク僅カニ井水ニ倚拠スト雖モ其ノ大部ハ水質不良ニシテ潤沢ナラズ、斯ル状態ナルヲ以テ町民ノ保健衛生若クハ保安警備ノ点ヨリ考察スルモ上水道ノ設備ヲナスニ非サレバ実ニ町民ノ衛生安定ト堅実ナル町ノ発展ヲ期シ難シ。

而シテ近年世界的不況ノ余波ヲ受ケ失業者続出ノ折柄、本事業ヲ挙グル為自然或程度ノ失業救済ノ目的ヲ達シ得ヘク社会政策上ヨリ見ルモ最モ適切ナルヲ痛感シ、即チ上水道ノ敷設ノ急施ヲ計画シタルモノニ有之、茲ニ本案ヲ提出スル所以ナリ。

右の理由書の文末に、不況下の「失業救済」をあげ、「上水道ノ敷設ノ急施」の理由としていたことは、当時の深刻な社会経済情勢の反映であった。この年富田林町では、同じく不況下の社会状況への対応として、「昭和九年度中」の設立をめざして、職業紹介所設置のための調査を進めている。

富田林町の上水道は、一九二八年に敷設計画が立てられて、その年の暮れまでに実地調査が行われたが、その後立ち消えとなっていた。一九二八年の計画は、川西村と新堂村を合わせた一町二村に供給する予定で、目標給水人口は三万人、工事費は約二四万円であった。これに対して、一九三三年に決定された敷設計画は、範囲を富田林町域とし、目標給水人口五〇〇〇人、工事費は八万円程度で、一九二八年よりもかなり規模を小さくしたものであった。工事費は、起債によって賄うことにし、一九三三年七月一〇日の町会で起債金額八万円が承認可決された。上水道敷設申請は、一〇月二一日付で大阪府知事に提出され、翌一九三四年三月一七日付で認可された。同じ日付の大阪府土木部長名の文書では、水質および水量に関する府土木部の承認後に起工すべきことや貯水池の増設などが指示されていた。工事が始まったのは、一九三四年一二月であった。翌一九三五年五月末にほぼ工事が完成したが、六月三〇日の水害で毛人谷二四番地の鑿井《さくせい》水源地の建物・機械・貯水施設などに大きな被害が生じた。この水害復旧費六五〇〇円の追加予算と起債の議案が、八月三〇日の町会に提出されている。同日の町会に提出された「上水道災害復旧事業施行ノ件」によると、水害復旧の応急工事が行われ、「仮ニ給水ヲ続ケ居レル」という状態であった。

こうして、一九三五年夏に給水を開始した富田林町の上水道は、半年後の一九三六年二月二一日の地震によって再び大きな被害を受けた。二月二一日付『大阪朝日新聞』第四号外は、写真を掲げて「大阪地方の大震禍」「被害多き富田林、柏原方面」と報じ、同日付夕刊では、「二十一日午後二時半現在大阪府警察部に達した被害状況」として「死者八、傷者三十」と記し、柏原町で死者二人、全壊家屋一二、古市では死者一人軽傷二人、富田林で重傷者六人と報じた。この地震によって、富田林町の上水道は、ポンプその他器具類に大きな被害を被っただけでなく、地質変動で鑿井水源が「七〇余尺」（約二一メートル）も埋没するという打撃を受けた。復旧のため、二〇〇〇余円を投じて浚渫《しゅんせつ》工事が行われたが、涌き水量の減退は変わらなかった。その上、この地震のあと、町内各家の井戸水も次第に減退して、渇水または汚濁といった被害を受けたため、給水申し込みが増加し、給水戸数九〇〇戸、給水人口は四五四〇人に達した。上水道敷設当初に作成された給水予定表では、一九三四年の給水予定人口が二二二五人、その後年々増加して一九四五年に五一二八人に達する見込みになっていた。この予定表によると、一九三六年の給水予定人口は三一四六人であった。だが実際には、一三九四人も多くなったのである。

震災による既設井戸の水量減退と給水人口増加という事態に直面した富田林町は、一九三六年七月三一日付で「上水道改築工事認可稟請書」を大阪府知事に提出した。添付書類の「富田林町上水道改築工事目論見書」によると、毛人谷二四番地の既設水源を浚渫してこれを予備とし、新たに大字富田林二八一番地と川西村大字甲田一二一六番地に伏流水を採取する浅井戸を掘鑿することになっていた。大字富田林二八一番地は第二水源地と呼び、これは水田潅漑時期の夏期には使用しないで主として冬期に使用するものとし、川西村大字甲田一二一六番地の第三水源地を常用する計画であった。この改築工事の申請は、一九三六年一二月二三日付で認可され工事が進められたが、その後第二水源地の水質が飲料に適さないことが明らかになったのでこれを廃止し、第二水源地のポンプその他の設備は第三水源地において予備として使うことに変更された。大阪府知事宛の「上水道改築工事設計変更稟請書」は一九三七年四月一七日付で提出され、同年八月三日付で認可された。設計変更後、川西村大字甲田の第三水源地は第二水源地となった。この第二水源地は、毎分一・二五〇立方メートル、一昼夜一八〇〇立方メートルの揚水が可能で、富田林町上水道の常用水源として使用された。

2 戦争と富田林

日中全面戦争

一九三七年（昭和一二）七月七日の盧溝橋事件は、日中全面戦争の発端となった。同月一一日、日本政府は日中両軍の衝突を「北支事変」と命名し、九月二日には「支那事変」と改称した。『大阪朝日新聞』一九三七年九月一八日付は、「父君も満足」との見出しで、新堂村大字中野の花岡一等兵が「北支最前線で奮闘中名誉の負傷をした」と報じ、「国家のため」に一身を「捧げる覚悟」だから「よろしく頼むと弟にいゝ含め」、長男は元気よく出発したと、父親は「笑みさへ浮かべて語る」、などと記した。同紙一〇月一二日付には、「産婆さんの報国」「勇士の家のお産に奉仕」の見出しで、彼方村板持《いたもち》の銃後の美談が掲載された。この記事は、助産婦をつとめた女性が出征兵士の妻のお産だからと言って謝礼金を受け取らなかったので、家人が出産費用を

「皇軍慰問金」として大阪朝日新聞社に「寄託した」というものであった。出征兵士の留守宅に対する援護活動は、どこの町村でも活発に行われていて、銃後の美談として、しばしば紙上に掲げられた。

『大阪朝日新聞』一〇月二九日付には、「旗の波・灯の流れ、盛んな戦勝祝賀行列」の見出しで、富田林町の戦勝祝賀の模様が次のように報じられた。

南河内郡富田林町では、二十八日午後、町を挙げて盛んな戦勝祝賀会を催し、静かな町もこの日ばかりは軍歌のリズム、国旗の氾濫で沸き返つた。午後二時郷軍、軍友会、青年団、国防婦人会、学童、町有志ら二千名が富田林小学校に勢揃ひし、手に手に日の丸の小旗を打ち振つて町内を行進し、半里の野道を氏神喜志神社に参拝、戦勝感謝、皇軍の武運長久を祈つた。また富田林小学校の下級生や幼稚園の児童も、先生に引率されて町内をめぐり歩いてかはいゝ軍国気分をふりまいた。

一九三七年九月から一〇月にかけて、華北の戦線が次々と拡大され、上海では激戦が続いていた。一〇月下旬から上海戦線に新たに大軍が投入され、一一月中旬から下旬にかけて華中の戦線も急速に展開した。ちょうどこの時期の一一月二〇日に、富田林小学校では尋常科五年生以上の児童による「発火演習」が行われていて、『大阪朝日新聞』一一月二一日付は、「意気高し〝豆兵隊〟、従軍記者と赤十字班は女生で」の見出しを付け、次のように報じている。

中部防空演習第一日の二十日、南河内郡富田林小学校五年生以上の児童が結成する「健児団」

では午後から河南平野を舞台にすばらしい発火演習を展開し、ヒットラーの少年突撃隊さながらの意気を示した。この日半日の授業が終わると、松山校長を統監部総裁に、江川訓導を統監部長にいたゞく健児団百五十名は南、北両軍に分れ、堂々校門を出発、両軍には写真班や六年生女児の従軍記者、高等科女児の赤十字班が腕章も甲斐々々しく従ひ、自転車の伝令班やラッパ手まであり、全く本格的な少年軍隊だ。午後二時石川の対岸彼方小学校に陣取った南軍が行動開始、北軍の先占した河岸の小山を強襲、つひにこれを奪取した。北軍は戦ひ利あらず石川を渡り西岸に強固な陣地を築き、死守の意気を示せば、南軍は金剛颪をつき刈取りの終つた田の中を畦や稲束の収穫物を巧みに利用しながらひた〳〵と追撃をつゞけ、午後四時河畔に煙幕を張つてドッと石川を押し渡る、このあたり上海クリークの敵前渡河を思はせ婦人従軍記者も戦線を縦横に活躍して観衆をよろこばせた。豆を煎るやうな銃声が晩秋の空にひゞくうち、勇ましい突撃ラッパの合図につれ、両軍喊声をあげて河辺に肉弾戦を交へて演習を終わつた。

右の「発火演習」が富田林小学校で行われた一一月二〇日に、大本営が宮中に設置された。一〇日後の一二月一日、大本営は南京攻略作戦を命令した。日本軍は、先陣を争って南京に殺到し、同月一三日の占領後、大虐殺事件を引き起こした。

一九三七年七月からの、大規模な日本軍の進攻によって、おびただしい数の中国軍兵士と中国一般民衆の命が奪われていった。そして、のどかな富田林市域の町村から、村人の歓呼の声に送られて出征した兵士の中にも戦死者が出始め、次第にその数が増えていった。

『大阪朝日新聞』一九三七年一〇月三一日付は、「忠魂・永久に国を護らん」と記し、富田林町出身の北村留吉上等兵の戦死を報じた。新堂村出身の太田正治一等兵は、機関銃射手として華北転戦中の一〇月一五日に戦死した。『大阪朝日新聞』一一月一〇日付によると、病床の「母の写真を肌身につけて」出征した太田一等兵は富田林土木出張所の職員であり、兄もまた出征していた。同紙一一月六日付は、「仰げ!護国の人柱」「夢に立つ雄姿、その日愛児は忠烈の戦死」の見出しで、彼方村出身の田中俊治一等兵の戦死を報じた。「昭和十二年度彼方村事務報告」には、「出征軍人動静」として「戦死一、戦傷四」とあり、「伏見堂出身歩兵上等兵田中俊治君十月二十三日北支山西省旧関三角山付近ニ於テ名誉ノ戦死ヲ遂ゲラル、十二月六日午後二時無言ノ凱旋アリ、依而十二月十日本村小学校校庭ニ於テ田中俊治君ノ英霊ニ対シ村葬ノ式典ヲ挙行セリ」と記されている。同事務報告によると、一九三七年の彼方村の応召人員は三三人（うち即日帰郷四人）、召集解除者は一人で、一九三八年一月末の同村出身軍人所在地は、「北支一五、中支九、満洲九、朝鮮二、内地一〇、計四五」であった。一九三八年の「東条村議事之綴」をみると、九月一〇日の村会に「村葬之件」が議案として提出されていて、「名誉ノ戦死者故陸軍騎伍長山際佐市郎殿ノ英霊ニ対シ村葬ノ礼ヲ以テ之ヲ弔フモノトス」と記されている。山際伍長は、一九三八年五月九日に山西省平陸県平陸守備隊において戦死した。この年一月八日に、長女が生まれたばかりであった。村葬は、一〇月二三日に東条小学校で執行された。

自治報国宣言

一九三七年（昭和一二）九月九日、政府は、内閣告諭と訓令をだして、挙国一致・尽忠報国・堅忍持久を目標とする国民精神総動員運動を開始した。同年の『東条村歳入歳出決算書』には、歳出項目の中に「国民精神総動員費」があり、一三円九五銭が支出されている。この支出の内訳は、節約規約代二円六〇銭、勤労奉仕作業材料費一一円三五銭であった。翌一九三八年の東条村の決算書には、「国民精神総動員費」一〇六円六七銭とあり、「自治制発布五十周年記念扇子代一四円六〇銭、同祝祭並ニ自治物故者慰霊祭費八三円八四銭、生活刷新申合規約書代三円二〇銭、同標札代二円三銭、経済週間ビラ代三円」と記されている。

一九三八年四月二五日の東条村村会には、「議案第二二号　自治報国ニ関スル宣言決議ノ件」が提出されていて、村会会議録に次のように記されている。

村長ハ自治制発布五十周年ニ相当スルヲ以テ、大阪府下ニ於テモ全町村ハ一斉ニ本日ノ午前拾時ヲ期シテ町村会ヲ開会シ、自治報国ニ関スル宣言決議ヲナスモノニシテ、現下ノ重大時局ニ際シ此ノ意義アル記念日ヲ迎ヘ、一致協力益々自治ノ精神ヲ強調シ、以テ奉公ノ誠ヲ尽サントスルハ光栄ノ極ト云フベク、去ル四月十七日帝都ニ於テ盛大厳粛ナル記念式典ヲ挙行セラレ、畏《かしこ》クモ聖上陛下御親臨アラセラレ、優渥《ゆうあく》ナル勅語ヲ賜フ、恐懼《きょうく》感激ノ至リニ堪エズ、各員一層ノ御精励ヲ望ムト、四月十七日ノ記念式典ヲ具《つぶ》サニ報告スルト共ニ、本日ノ意義深重ナル村会ニ

付キ説明ヲナス

右の文中の村長は、道旗治衛である。道旗治衛は、一九三三年に松本侃二前村長のあとを受け、一九三九年まで東条村村長を務めた。一九三八年四月二五日の村会では、道旗村長の説明の後、議長が「宣言案」と「決議事項」を朗読し、続いて村会議員奥田理一郎が「時局柄尚意義アル五十周年」「宣言案ヲ脳裡ニ徹シ、決議事項ヲ実践シテ自治報国ヲ期スベキナリ」と賛成意見を述べ、この日の「最モ重大ナル議案」が、総員賛成のもとに可決されたと村会会議録は記している。当日の宣言と決議事項は、次のようなものであった。

宣言

自治制発布五十周年ヲ迎フルニ当リ昭和十三年四月十七日輦轂《れんこく》ノ下盛大厳粛ナル記念式典ヲ挙行セラレ

畏クモ　聖上陛下御親臨アラセラレ優渥ナル勅語ヲ賜ヒ叡慮深遠ニシテ聖恩ノ宏大ナル洵《まこと》ニ恐懼感激措ク能ハザル所ナリ本村会ハ今回賜ハリタル勅語及市制町村制発布ニ関スル上諭ノ御精神ヲ奉体シ非常時局ニ於ケル自治行政ノ重大性ニ鑑ミ協心戮力《りくりょく》堅忍持久自治ノ進展向上ニ努メ聖旨ノ萬一ニ応ヘ奉ランガ為挙村一致茲ニ自治報国運動ニ邁進セムコトヲ期ス

決議事項

一、敬神崇祖ノ念ヲ村民生活ニ徹底シ敦厚《とんこう》ノ民風ヲ涵養《かんよう》シテ挙村一致ノ実ヲ挙グルコトヲ期ス

一、自治ノ本領タル和衷協同ノ精神ヲ振作シテ挙村一致ノ実ヲ挙クルコトヲ期ス
一、勤労精神ヲ昂揚シ経済更生ノ実ヲ挙ゲ時艱克服ヲ期ス
一、挙村一致各種団体相聯携シテ住民共同ノ福祉増進ヲ期ス
一、建国ノ大義ニ立脚シ一致協力時艱ノ克服ヲ期ス
一、自力更生ノ気風ノ振作ヲ期ス
一、国民精神総動員ノ趣旨ニ則リ一致協力自治ノ振興ヲ期ス

右の宣言と決議事項は、四月二五日の同時刻に、大阪府内各町村において町村会を開催し、議案として提出したうえ、一斉に可決される形がとられた。彼方村村会会議録にも、全く同じ宣言文と決議事項が掲げられ、当日可決されたことが記されている。市制及び町村制が公布されたのは、一八八八年（明治二一）四月二五日であった。ちょうど五〇年目に当たる一九三八年（昭和一三）四月二五日に、日中戦争遂行のための国民精神総動員運動の一環として、府内全町村でいっせいに自治報国宣言と決議事項が採択されたのであった。

一九四〇年の富田林町の決算書には、国民精神総動員費として一二九円五七銭が支出されたと記されており、同年の川西村の決算書によると、国民精神総動員運動の具体策として、天誅組慰霊祭を執行したと記録している。喜志村では、同年に国民精神総動員費一七三円八〇銭が支出されていて、このうち一〇〇円は物資統制諸費として使われていた。翌一九四一年の大伴村の決算書には、国民精神総動員費四九円四二銭、このうち貯蓄組合用紙代一四円八〇銭と記されている。

警防団の編成

一九三九年（昭和一四）一月に警防団令が勅令によって公布され、四月一日から施行された。これによって、従来の消防組は改組され、市町村に防空・水火消防その他の警防に従事する警防団が設置された。防空体制の整備は、昭和初年から軍部の指導で進められ、防空機関としての防護団が各地に設置されるようになっていた。この防護団の機能と消防機能を統合した戦時体制下の警備のための地域団体が警防団であり、それは官製の組織として位置づけられた。団長と副団長は地方長官が任免し、その他の団員は警察署長が任免した。団員の服務規律や懲戒規定は地方長官が定めた。出動の時に、団員は所定の服を着用し、警察官の点検を受け、身を挺して任務を遂行しなければならなかった。戦時下において警防団は、警察の補助組織としての役目も担っていたのである。警防団に関する費用は町村が負担し、団員の定員や給与及び設備資材は、地方長官が町村会に諮問して定めた。設備資材は、すべて町村で備えることになっていた。

富田林町には、一九一三年（大正二）に結成された消防組があった。結成時の組員は六〇人だったが、一九二八年（昭和三）の『富田林町勢一覧』では、消防手三八人と記されていて、装備は自動ガソリンポンプ一台、手動ポンプ一台であった。一九三三年の「富田林町事務報告」では、ガソリンポンプが二台に増えている。組員数は一九二八年と同じ三八人で、「組頭一名、小頭四名」と記されている。一九三四年には富田林中学校が全焼するという事件があって、翌一九三五

防空監視哨、富田林市提供

年に富田林町はフォード社製ポンプ自動車を購入して消防組に配備した。この消防組が、一九三九年の警防団令の公布によって改組され、富田林町警防団が結成された。

一九四〇年の富田林町「歳入歳出決算書」によると、同町の警防費の歳出額は二一九八円九二銭であった。このうち雑給が四七七円八〇銭、需要費一〇四九円八六銭、営繕費が六七一円二六銭であった。雑給の内訳説明に演習出場費一一九円三〇銭とあり、需要費の中に団旗、腕章および防毒面代一三三円、訓練出場賄費二二一円、監視哨賄費一〇円五〇銭などが含まれていて、防空のための施設や装具が備えられ、防空訓練が幾度か実施されたことがわかる。

富田林市域の他の村々でも、一九三九年に警防団が結成され、その後しばしば防空訓練が実施された。一九三九年の川西村の警防費は、三四六円七一銭であった。この歳出額の主な内訳は、団長以下の役職手当や警防団結団式のための費用、警防団旗購入費用、訓練出場五回の団員手当や賄費などであった。一九四〇年の「川西村警防団施設調書」によると、同村警防団の構成は、団長一人、副団長一人、分団長六人、副分団長六人、班長一二人、警防員七四人の計一〇〇人であった。分団は、大字を単位とすることが多かった。一九三九年の川西村警防団の装備は、手動ポンプ一台であったが、翌一九四一年には手動ポンプが四台に増えている。

喜志村の警防費は、一九四〇年七六〇円四九銭、一九四一年八三二円九六銭であった。両年度とも戦死者の公葬参列出張費や防空訓練のための支出があり、一九四一年の決算説明には「大日本防空協会負担金」「警防団員応召ニヨル餞別」といった記述がみられる。戦争の長期化とともに、どこの町村でも出征する警防団員が次第に増加していった。団員数は確保されても、団の弱体化はいなめなかった。一九四一年の大伴村の警防費は一〇四八円五四銭、新堂村では八三〇円六九銭、彼方《おちかた》村五八九円三一銭、錦郡《にしこり》村二二三五円四〇銭、東条村一二二九円三八銭であった。なお、一九四〇年度の東条村村会会議録には、「警防団組織及定員並ニ設備資材」に関する大阪府知事半井清名の同村村会宛諮問書が綴られている。

一九四二年における富田林町・喜志村・新堂村・大伴村・川西村・錦郡村・彼方村の一町六村合併後の一九四三年の富田林町の警防費決算額は、八四二五円九八銭であった。翌一九四四年には、四三年の約三倍の二万七四八八円二一銭に増加した。一九四三年の富田林町警防団は、団員総数八七二人となっていて、団長一人、副団長二人、分団長七人、副分団長一四人、部長三三人、副部長三五人、班長八九人、警防員六九六人の構成であった。この場合の分団長は、合併以前の各町村の団長にあたり、旧町村の分団長は部長とされている。一九四三年の「富田林町事務報告」には、「防空訓練ニ関スル事項」として、「消防訓練延一八二回、消防講習三回、防空訓練延三一回、綜合訓練一三四回、家庭防空訓練一三四回、サイレン吹鳴試験二回延一四ケ処、警防団員血液検査八七二人」と記されている。一九四四年の事務報告には、「男子警防団員八七七名」「女子警防報国団結成八分団七〇五名」「特別警防隊結成七分隊八〇名」とあり、「自動車ポンプ大阪市へ献納、一輛」と記されている。女子警防報国団の結成は、青壮年男性の出征によって弱体化した警防団を、女性の組織で補おうとするものであった。大阪市防空のために献納された自動車ポンプは、一九三五年に購入されたフォード社製のポンプ自動車と思われる。一九四四年になると、大阪市への空襲がいよいよ現実のものとなり、府内各町村所有のポンプ自動車が大阪市に集められたのである。

富田林警察署

古市村にあった古市警察署が、富田林に移転して富田林警察署となったのは、一八八三年（明治一六）二月であった。移転当初は、富田林町戸長役場の一部を仮庁舎としていたが、翌一八八四年五月に富田林町大字富田林六三番地に新庁舎が完成した。一九一二年（明治四五）には、富田林町大字毛人谷四三三番地に新しい庁舎が建てられ、翌一九一三年（大正二）に旧庁舎は敷地とともに富田林町役場用として払い下げられた。一九一二年に新築された建物は、本庁舎一棟、留置場一棟、訓示撃剣場及納屋一棟、署長官舎一棟であった。この木造庁舎は、一九六一年（昭和三六）七月に、毛人谷五〇番地の一に鉄筋コンクリート造り二階建新庁舎が完成するまで、四九年間富田林警察署として使用された。

明治・大正期の富田林警察署の所轄区域は、本署直轄の一六町村（富田林町・新堂村・喜志村・彼方村・錦郡村・川西村・大伴村・東条村・磯長村・山田村・石川村・白木村・河内村・中村・赤坂村・千早村）のほか、長野分署所轄の八町村（長野町・三日市町・千代田村・天野村・高向村・加賀田村・天見村・川上村）、黒山分署所轄の一〇村（狭山村・野田村・平尾村・黒山村・日置荘村・南八下村・北八下村・丹南村・丹比村・金岡村）、古市分署所轄の六町村（古市町・駒ヶ谷村・西浦村・藤井寺村・埴生村・高鷲村）、柏原分署所轄の五町村（柏原町、道明寺村・玉手村・国分村・志紀村）であった。このように、富田林警察署は、長野・黒山・古市・柏原の四分署を統括し、本署直轄とあわせて南河内の全域を管轄していたが、一九二六年（大正一五）七月に、この四分署は独立して、それぞれ長野警察署・黒山警察署・古市警察署・柏原警察署となった。

富田林警察署、富田林市提供

富田林警察署の所轄区域が、これまでの本署直轄区域だけとなった後の一九二七年（昭和二）における同署の配置定員は、警部一人（署長）、警部補一人（司法事務）、巡査部長三人（内勤）、巡査二七人（うち内勤二、看守一、派出所詰四、駐在所詰一七、高等一、司法二）

の計三二人であった。一九二九年には巡査部長が増員されて四人となった。これは、一九二八年中に定められた思想警察係員増配置の方針に従い、同署に一九二九年一月一九日付で高等係巡査部長一人が増員されたことによる。一九三九年の配置人員は、警部一人、警部補一人、巡査部長五人、巡査三一人であった。一九二九年における同署の巡査の数は二七人であったから、巡査四人の増員は、一九三〇年以降三八年までの間に行われたものであった。三一人の巡査の配置部署は、治安係一人、庶務一人、司法係二人、看守一人、署在置四人、駐在所一七人、工場建築係その他五人であった。

巡査部長がさらに一人増員されて五人となったのは、一九三九年四月五日であった。同年四月一日から警防団令が施行されたのにともなって、警防係巡査部長一人が増員されたのである。一九四〇年には、三月三一日付で、経済保安係巡査部長一人、経済保安係巡査一人、工場係巡査一人が増員された。これらの増配置は、戦時体制下の経済統制の強化に対応したものであった。なお、同署の『沿革誌』は、「昭和十五年十月十六日警務書記生一名配置サル」「昭和十六年六月三十日、同年十月十五日警務書記生各一名配置セラル」と記している。警務書記生の採用は、戦時下における警察事務の増加や、警察官の出征による人手不足などを補う意味を持っていた。

一九四〇年（昭和一五）の富田林警察署の巡査の数は三四人であったが、四三年には三二人に減った。この三二人の部署は、衛生係一人、労政係一人、司法係二人、看守一人、駐在所一七人、署在置四人、特高一人、経済保安係三人、交通係一人、兵事係一人であった。巡査部長は、庶務一人、保安係一人、会計一人、特高一人、警務一人、経済保安係一人、武道教養係一人の計七人であった。『沿革誌』には、「昭和十八年三月三十一日付ヲ以テ武道教養係巡査部長一名増員セリ」とあり、「昭和十八年十二月二十七日、女子警察書記（雇員）一名配置セラル」と記している。「女子警察書記」の採用は、軍隊への男性の根こそぎ動員という社会状況の反映であり、経済保安係の増員や、特高、兵事係、武道教養係といった配置部署に、太平洋戦争下の警察の動きがうかがえる。なお、同署の『沿革誌』は、「特高警察係廃止」として、「大東亜戦争、昭和二十年八月十五日終戦となり聯合國軍の指令に基き特高警察制度を廃止せらる」と記している。

学童疎開

太平洋戦争末期の一九四四年（昭和一九）一二月一九日の中河内郡三宅村（現・松原市）と瓜破村（現・大阪市平野区）への爆弾一八個の投下に始まり、一九四五年八月一四日の大阪陸軍造兵廠への爆撃に終わる大阪府域への空襲は、マリアナ基地発進のボーイングB29爆撃機一〇〇機規模以上による大空襲八回を含めて約五〇回を数えた。この結果、大阪は人的にも物的にも甚大な被害を被った。

激烈な空襲にさらされた大阪府域ではあったが、金剛山地と羽曳野丘陵の間に位置する富田林町は、疎開に適した安全地と考えられていた。富田林町は、一九四四年八月下旬に始まる大阪市学童集団疎開の府内における受け入れ地の一つであったし、縁故疎開も多かった。富田林町の人口は、一九四三年に二万二九六三人、四四年に二万二九四七人であったのが、四五年には三万二二九一人に膨れ上がった（「富田林町事務報告」一九四四年、一九四五年）。空襲を逃れるために、あるいは空襲で焼け出されたために、何千人もの人々が、敗戦の年に富田林町に移り住んだのであった。だが、戦争末期の激しい空襲下にあっては、美しい山並みと丘陵に挟まれた田園地帯の富田林も、決して安全ではありえなかった。

大阪市の学童集団疎開は、一九四四年八月二八日に始まった。同年六月三〇日に閣議決定された「学童疎開促進要綱」に基づき、国民学校初等科三年以上六年までの縁故疎開のできない児童を対象に、集団疎開が実施された。一九四四年一〇月二一日までの大阪市の第一次集団疎開の数は、二二五四校、六万六九八三人であった。受け入れ府県は、大阪府内・滋賀県・奈良県・香川県・和歌山県・広島県・島根県・徳島県・福井県・石川県・愛媛県・京都府であった。なお、四四年一一月から一二月にかけて、二二五一校七七七八人が追加的に集団疎開したのが第二次である（『新修大阪市史』第七巻、一九九四年刊）。

大阪府内に集団疎開を実施したのは、東淀川区・東住吉区・住吉区・旭区の各校と、西成区と天王寺区の一部の学校であった。このうち、南河内郡が疎開先となったのは、東住吉区の各校と住吉区の一部の学校であった。南河内郡富田林町には、東住吉区の平野国民学校と育和国民学校の児童が集団疎開した。両校とも、集団疎開が実施されたのは、一九四四年九月一七日であった（平野小学校『沿革史』、『大阪市立育和小学校創立百周年記念誌』一九八四年刊）。

平野国民学校学童が集団疎開した常念寺（1945年）、富田林市提供

一九四四年九月現在の「平野国民学校疎開現地寮舎一覧」（大阪市史編纂所所蔵）によると、同校の寮舎となったのは、西方寺・浄谷寺・妙慶寺・興正寺別院・栄軒・金光教会（以上富田林町富田林）・教蓮寺（富田林町新堂）・専光寺（富田林町新堂）・常念寺（富田林町北大伴）・泉龍寺（富田林町山中田《やまちゅうだ》）・河楠荘（富田林町横山）の一一か所であった。寮本部は、西方寺に置かれた。児童総数は四四八人、派遣教員一五人、寮母一四人、作業員一二人であった。寮舎の編制表には、寮ごとに、収容している学年、性別、児童数が記され、担当の教員・寮母・作業員・寮医・寮嘱託の氏名が掲げられている。この時の編成では、西方寺が四年女三九人、浄谷寺四年男四五人、妙慶寺三年男四九人、栄軒三年女三七人、河楠荘六年男五八人、常念寺六年男三三人、教蓮寺六年女四一人、専光寺六年女三七人、興正寺別院五年男六五人、泉龍寺五年女二四人、金光教会五年女二〇人となっていた。

一一か寮のうち、河楠荘と栄軒は旅館であり、河楠荘だけが他の寮舎と離れていて、富田林町の南の端の汐の宮温泉地にあった。最寄りの駅は、河楠荘が近鉄汐の宮駅で、他の一〇か寮は富田林駅であった。疎開実施当日の九月一七日、同校児童は近鉄針中野駅から電車に乗り、富田林駅と汐の宮駅で下車し、それぞれ徒歩で寮舎に入った。児童一人ひとりの荷物は、先に寮舎に送られていた。荷物は一人につき、布団一組と柳ごうり一個であった。柳ごうりの中には、石鹸・洗面具・薬・寝巻・下着・教科書・筆記用具など、必要最小限のものが入っていた（富田林市史編集室の調査による）。この荷物と児童の輸送費は、大阪市から交付された（「大阪市学童集団疎開輸送賃金等支払ニ関スル件照会」『昭和十九年度学童疎開費予算執行一件綴』大阪市史編纂所所蔵）。

疎開して三か月ほど経ったころ、河楠荘にいた六年生の男子五八人が、滝谷不動明王寺（富田林町彼方）に移った。河楠荘はその後、寮舎として使用されなかった。滝谷不動明王寺は、一九四五年三月に六年生が引き揚げたあと、新六年生の女子の寮舎となった（一九四五年五月一五日付「大阪市平野国民学校疎開地調」大阪市史編纂所所蔵）。

一九四四年九月から半年間、富田林で過ごした六年生の男女一六九人は、翌一九四五年三月一二日に母校に引き揚げた。二日後の一四日に、初等科修了式（卒業式）を挙行するためであった。引き揚げた次の日の三月一三日深夜から一四日未明にかけて、第一次大阪大空襲があった。この時の主な被災地域は、浪速区・西区・南区・港区・大正区・東区・西成区・天王寺区であったが、投弾中心地から外れた東住吉区にも若干の被害があった。大阪府警察局の三月一九日付「空襲被害状況ニ関スル件」は、平野警察署管内の被害として、全焼二四戸、半焼一四戸、重傷三人、軽傷六人、罹災者一一九人と記している（小山仁示編『大阪空襲に関する警察局資料――小松警部補の書類綴より』Ⅰ、松原市史編纂室、一九七六年）。被害を受けなかった平野国民学校では修了式を行えたが、被災中心地では、疎開先から大阪に帰ったものの、家も学校も焼失し、修了証書（卒業証書）をもらえないという事態も生じた。

三月下旬から四月上旬にかけて、新三年生と四年生の追加疎開が行われ、一、二年生も加えた追加疎開が四月から五月初めに行われた。一九四五年五月一五日付の「大阪市平野国民学校疎開地調」（大阪市史編纂所所蔵）では、一年生から六年生までの疎開児童の総数が四九二人となっていて、うち一年生が一〇人（男一、女九）、二年生が二六人（男一二、女一四）であった。一、二年生の男女三六人の寮舎は、富田林町新堂の光盛《こうじょう》寺であった。同寺は一九四四年九月から育和国民学校の寮舎として使われていたが、四五年四月から平野国民学校の寮舎となった。一九四五年五月一五日現在の同校の寮舎は、西方寺・浄谷寺・妙慶寺・興正寺別院・常念寺・泉龍寺・教蓮寺・専光寺・滝谷不動明王寺・光盛寺・極楽寺（富田林町錦織）の一一か寮であった。派遣教員は二〇人、寮母二一人、作業員二一人であった。寮母は、たいていが疎開児童に付き添って富田林に来ていたが、賄い担当の作業員のなかには寮舎となった寺院の壇家や近所の女性がいた。興正寺別院を寮舎とした児童の付き添い教員の一人は、妻子とともに同寺に移り住んでいた。この教員の妻は、賄いも手伝って児童の世話をした（富田林市史編集室の調査による）。

育和国民学校は、富田林町の北部と同町北隣の磯長村《しなが》（現・太子町）に疎開した。一九四四年九月の「大阪市育和国民学校疎開現地寮舎」の一覧表によると、同校の寮舎は、月光寺・桜井青年会場・明尊寺・大深《おおけ》青年会場・正信寺・金光寺・川面青年会場（以上富田林町喜志）・光盛寺（富田林町新堂）・西徳寺（富田林町中野）・叡福寺（磯長村太子）の一〇か所であった。光盛寺から北に位置する寺院や地域の青年会館が、育和国民学校の寮舎にあてられたのである。寮本部は、明尊寺に置かれた。この時の同校の疎開児童数は、三年から六年まで三五二人であった。派遣教員は一一人、寮母一四人、作業員一一人であった。一九四五年五月一五日付「大阪市育和国民学校疎開地調」（大阪市史編纂所所蔵）によると、磯長村では叡福寺に加えて善久寺・光福寺・了徳寺が寮舎とされていて、疎開児童数は一年から六年まで総数四〇六人であった。このうち一年生は一八人（男一二、女六）、二年生は三九人（男二一、女一八）であった。平野・育和両校とも、幼い一、二年生の集団疎開は少なかった。

一九四四年の「富田林町事務報告」には、「縁故疎開学童激増ノタメ六学級ヲ増加」とあり、翌一九四五年の同町事務報告には、「縁故疎開並ニ罹災者移住ノ為メ大伴校二学級、彼方校二学級、錦郡校二学級、計六学級ノ増加ヲ見タリ」と記している。富田林町喜志・大伴・川西の各国民学校初等科の児童数は、一九四四年に喜志四四二人、大伴四五八人、川西一六九人であったが、四五年には喜志六三六人、大伴六一八人、川西二七五人と著しく増加した。川西小学校の『沿革史』の一九四五年四月四日の条には、「大阪市堺市布施市国民学校授業停止、学童疎開ヲ強化セルタメ本校ニモ同方面ヨリ転入学者五拾名ノ多キニ上リ、本日受付、各学級ニ編入ス」と記されている。

なお、一九四五年になると、富田林町に縁故疎開する児童が急激に増加したのであった。

実施状況ニ関スル件」（大阪市史編纂所所蔵）によると、一か月以上の病気に罹った児童が、平野国民学校では五月に呼吸器肺炎一人、六月に心臓脚気一人疥癬一人、七月に盲腸一人腸カタル二人、八月に腫れ物一人、感冒一人であった。育和国民学校では、八月に疑似赤痢が一人あり、七月には腎臓炎で児童一人が死亡している。

敗戦後も、しばらく富田林で疎開生活を続けていた平野・育和両校児童は、一〇月下旬に同地を去った。一九四五年の「富田林町事務報告」は、「前年ヨリ二十二ケ寮ニ集団疎開セシ平野、育和両校ノ学童ハ十月二十三日母校ニ帰ル」と記している。

板持《いたもち》への焼夷弾投下

一九四五年三月一三日深夜から翌一四日未明にかけての第一次大阪大空襲のあと、四月と五月は、大阪では比較的平穏な日が続いた。しかし、六月一日にB29とP51による第二次大空襲があり、同月七日に第三次、一五日に第四次と、大阪への大規模焼夷弾爆撃が繰り返された。これらの空襲のうち、六月七日までの空襲では、富田林市域の町村に直接被害が生ずることはなかったが、六月一五日の大空襲の時に、富田林町板持に焼夷弾が投下され被害が生じた。大阪府警察局の六月二二日付「空襲被害状況ニ関スル件」の「六月十五日大阪地方空襲被害状況調査表（昭和二十年六月二十日午前八時現在）」には、富田林警察署管内の被害として、半焼八戸、軽傷三人、罹災者三八人と記されている（小山仁示編『大阪空襲に関する警察局資料――小松警部補の書類綴より』Ⅱ、松原市史編纂室、一九七七年）。この一五日の大空襲は、B29四四四機による大阪・尼崎都市地域への昼間焼夷弾攻撃であった。来襲したB29の主力は和歌山県上空を北上し、大阪府南部を経て大阪市に殺到した。一部は紀淡海峡を経て大阪湾から侵入した。前掲「空襲被害状況ニ関スル件」は、「八時四〇分頃ヨリ一〇時五〇分ニ至ル間、大阪市全域（主トシテ東南部）ヲ攻撃した後、京都南部、奈良、三重県境ヨリ九時一〇分ヨリ一一時二〇分ニ至ル間、熊野灘ヲ経テ南方洋上ニ脱去セリ」と記している。富田林高等女学校の「教務日誌」の六月一五日の条には、「午前八時空襲警報、九時半頃板持に焼夷弾投下、火災生ずるも消し止む」とあり、富田林への投弾が大阪市域への激烈な爆撃のさなかだったことがわかる。大阪市爆撃のために、府域に侵入したB29のうち一機が、何らかの事情で搭載弾の一部を農村である富田林町板持に投下したものと思われる。

投下された焼夷弾は、板持青年会館（現・西板持会館）付近に集中して落下した。当時の警防団、女子警防報国団など村の人たち（道籏新一、塚田照子、塚田秀雄）の話によると、青年会館の東に位置する奥野住太郎の家が最も被害が大きく、相当の火災が生じた。その隣家の平田喜造の家は、本屋は無事だったものの納屋が全焼に近い被害を受けた。奥野龍蔵、市川政道、岡田亀治の家にも焼夷弾が落ちた。青年会館の南西に位置する岡田亀治の家では、藁葺の本屋の屋根を突き抜けた焼夷弾が長持ちに当たって発火し、布団などが燃えた。当時彼方国民学校四年生だった岡田昌弘の話によると、警防団や近所の人が水をかけて消し止めたが、土足で大勢畳の上にのぼっていて、家の中がぐちゃぐちゃになっていたという。消火活動によって、被害が大きくなるという光景も見られた（一九九三年一〇月一五日、一九九四年八月一三日、富田林市史編集室の聞き取り調査による）。

板持に焼夷弾が投下された時、白煙が上がるのが周囲の村々から見えた。一五日に大阪市域を攻撃したB29が搭載していた焼夷弾の種類は、AN―M47A2一〇〇ポンド焼夷弾、E46五〇〇ポンド焼夷集束弾、M17A1五〇〇ポンド焼夷集束弾であった。AN―M47A2は炸裂型油脂（ナパーム）焼夷弾である。E46に集束されているのは六ポンド油脂焼夷弾AN―M69焼夷弾であり、M17に集束されているのは四ポンドAN―M50型マグネシウム焼夷弾である。M69は細長い六角筒で、中径八センチ、長さ五〇センチで、着地と同時に頭部横の信管が作動して薬室の炸薬が爆発し、筒の中のナパーム剤が尾部のふたを吹き飛ばして噴射し激しく燃える。M50は、中径四・八センチ、長さ三三センチの六角筒の小型弾で、長さ二二センチのアルミニウム翼を付けていた。

板持に投下された焼夷弾は、田んぼにもたくさん落下し、柔らかい土に突き刺さって不発になっているものがあった。長さ五〇センチぐらいの六角筒で、太さは大人の男性が握っても指が回らず、かなり余るほどであった。六角筒の先に何か小さいものが付いていた。そこを当てるように石に投げ付けると爆発し、激しく噴射して燃えた。空襲のとき玄関先に落ちて発火した焼夷弾は、水をかけると燃え広がり、庇が煤で黒くなったという。当時の村人の記憶からみて、板持に投下されたのは六ポンド油脂焼夷弾AN—M69と思われる。

なお、第四次大阪大空襲における府域全体の被害は、「六月十五日大阪地方空襲被害状況調査表」によると、被害家屋五万三一一二戸、罹災者一八万一六三六人、死者四七五人、重軽傷者二三八五人、行方不明六七人であった。

艦上機の来襲

六月一五日の第四次大阪大空襲をもって、五大都市（東京、名古屋、大阪、神戸、横浜）への大量焼夷弾攻撃は終わった。このあと、マリアナ基地のB29部隊は、中小都市に対する焦土作戦に着手し、六月一七日から八月一五日未明までに五七都市に五万三一二六トンの焼夷弾を投下し、一一六八平方キロを焼き払った。七月一〇日未明の堺大空襲も、中小都市に対する焼夷弾攻撃の一環として行われた。この日、堺を襲った一一六機のB29爆撃機は、午前一時三三分から三時六分にかけて、焼夷弾七七八・九トンを投下した。B29搭乗員の報告では、この爆撃によって生じた堺の火災は、三二〇キロの遠くから見え、煙の柱が五二〇〇メートルに達していたという。堺市の南東約一三キロに位置する富田林町の人々も、夜空を染めるすさまじい火災を目の当たりにした。富田林は、堺市に近いだけに、第一次大阪大空襲よりも堺空襲の激しさを記憶にとどめている人が多い。

堺大空襲の前後から、硫黄島基地発進のP51戦闘機の来襲が激しくなり、さらに七月末には、土佐沖南方海面のアメリカ海軍機動部隊の航空母艦を発進したグラマンの複数機の来襲があって、府域に銃爆撃を加えるようになった。アメリカ海軍の太平洋第二空母任務部隊指揮官戦闘報告には、七月二八日に、米海軍第三八機動部隊と英国部隊が、四国沖九六マイルの地点から、名古屋と北九州の間の目標に対して絶え間無い波状攻撃を開始したと記している（石井勉編著『アメリカ海軍機動部隊』成山堂書店刊、一九八八年）。

七月二八日には富田林にも艦上機が来襲し、空襲警報が繰り返し発令された。富田林女学校の教務日誌には、「七月二十八日（土）午前六時空襲警報発令（第一回）、第三回目　午後一時空襲敵機本校上空旋回西山へ、機銃掃射をなすも被害なし」と記されている。富田林町に来襲した艦上機グラマンの複数機は、同時刻に近鉄富田林駅や富田林中学校付近・大字喜志など富田林のあちこちで機銃掃射を行った。小山仁示著『改訂大阪大空襲』（東方出版刊、一九八九年）には、この日午後一時ごろ近鉄富田林駅に降りた直後にグラマンの機銃掃射を受けた森谷カヨ子の体験画と、野菜畑の狭い水路に頭を突っ込んで必死に隠れた体験とが載せられている。この七月二八日の空襲について、大阪府警察局の八月一日付「空襲被害状況ニ関スル件」は、小型機来襲により、東住吉区と高槻市・泉大津市および三島郡・北河内郡・中河内郡・南河内郡・泉北郡・泉南郡の各町村に被害が生じたことを記している。南河内郡では、古市町・富田林町・長野町および黒山警察署管内の村々に小型爆弾投下と銃撃があり、古市町で軽傷三人・全壊二戸・半壊二戸、富田林町で軽傷一人の被害が生じた（前掲『大阪空襲に関する警察局資料――小松警部補の書類綴より』Ⅱ）。

ところで、敗戦までの日数がさほどなかった夏のある日、富田林町大字喜志の宮（現・富田林市宮町二丁目）で、国民学校三年生の児童が、米軍戦闘機の機銃掃射を受けて、左脚部に貫通銃創の重傷を負った。この児童の名は吉岡謙、一九三六年（昭和一一）五月一五日生まれで、大阪市住吉国民学校初等科三年生であった。父親の吉岡正則が中国で戦死し、遺骨となって帰って来たのは一九三九年四月であった。二九歳だった。公葬の時、「忠魂の家」と書かれたのぼりが、住吉区住吉町の自宅の前に立てられ、正則の妻、母、祖母らが会葬者を迎えた。満二歳の謙は、このとき母の手に抱かれていた。

その謙が、一九四五年四月に住吉国民学校の三年生となり、大阪市の学童集団疎開の追加疎開で岸和田市の阿弥陀寺へ行くことになった。豊かな自然の中で疎開生活を送っていた謙たちであったが、やがて暑くなり子供達が川で泳ぐようになったころ、謙の自宅のすぐ近くに家があった級友の一人が疎開先で伝染病に罹り死亡した。謙の記憶では、赤痢だったとのことである。このことがあって心配になった謙の家族は、集団疎開先の岸和田から彼を連れ戻し、縁故疎開させることにした。阿弥陀寺へ謙を迎えに行ったのは、そのころ傷病兵の衣服を着ていた父の弟であった。いったん住吉に帰った謙は、父のいとこで当時富田林町喜志に住んでいた吉岡伊之助の家に疎開することになった。

祖母に連れられて阿部野橋から近鉄電車に乗った謙が、喜志駅に降りたころ、富田林町一帯が米軍戦闘機の空襲にさらされていた。足の遅い祖母は道路端の溝に隠れ、謙は伊之助の家を目指して田んぼの中の道を走った。謙が、宮にあった伊之助の家にたどり着いた時、飛来した三機の戦闘機のうち一機が降下して来て機銃掃射を浴びせた。迎えに出ていた伊之助らといっしょに、謙は急いで家の中に隠れた。その瞬間、壁を突き抜けた銃弾が、堅い家具に当たって跳ね返り、謙の左脚部を内側から外に抜けた。

太股を縛って止血してもらった謙は、リヤカーで富田林の医院に運ばれて応急手当を受けた後、すぐに近鉄電車で阿倍野の大きな病院へ連れて行ってもらい治療を受けた。阿倍野の病院は、鳥《とり》潟《かた》病院だったと思うとのことである。鳥《とり》潟《かた》病院は、当時阿倍野筋一丁目にあった。同病院は、一九七〇年に住吉区苅田町に移転した。富田林の医院では、銃弾が抜けた左脚部の切断の話も出たようだが、幸いその後の治療で後遺症も残ることなく治癒した。吉岡謙が機銃掃射で足を撃たれたのは、米軍艦上機が富田林市域を襲った七月二八日のことと思われる（一九九四年八月一二日、富田林市史編集室の聞き取り調査による）。

なお、喜志の宮では、小型機が投下した爆弾で道路と田んぼに穴があいたことがあった。また、七月末ごろ、富田林中学校の西一四〇メートルのところにあった仲谷利平所有の田んぼに、飛行機の補助タンクが投下されたことがあった（富田林市史編集室の調査による）。いずれも、七月二八日の艦上機による市域への空襲の際のことと考えてよい。

八月空襲の犠牲者

一九四五年八月八日、富田林警察署管内の白木村（現・河南町）宮戸で、米軍戦闘機の機銃掃射を受けて二人の男性が死亡した。富田林町別井《べっつい》の南東約四〇〇メートルの所でのことである。撃たれたのは、白木村北加納の祝金治（当時四九歳）と同村白木の幾谷重次郎（当時七一歳）であった。祝金治は配給米をリヤカーに積んで、白木村を南北に走る広い道路を北に向かって家に帰る途中であった。幾谷重次郎は、牛の餌を田んぼへ刈りに行っての帰りがけで、祝が歩いていた広い道路と交差している野道を北東に進んでいて、広い道路を斜めに横断した直後のことであった。祝金治の長男の妻満子が姑イノから何度か聞いた話によると、金治は足首を銃弾でちぎられていて、駆け付けた村人によって大字寺田の診療所に運ばれたが、出血多量で死亡した。金治は、大阪阿倍野で自転車部品の卸商をしていたが、戦争が激しくなってからイノの実家のある白木村に疎開していた。金治には、二〇歳の娘と一三歳と一〇歳の息子と、さらにその下にも娘があった。

幾谷重次郎は胸を撃たれ、野道に沿って流れる川の中に倒れた。長男の妻イトが、知らせを聞いて駆け付けた時、広い道路に倒れた祝金治が運ばれて行くところだった。重次郎は、すでに息がなかった。家に連れて帰って、イトが重次郎の胸に包帯を巻いた。銃弾は、胸から背中に抜けていた。重次郎は、日露戦争に出征して戦争の恐ろしさが骨身に染みていただけに、空襲警報が出るたびに人一倍恐がったという（一九九三年一〇月一五日、一一月九日、富田林市史編集室の聞き取り調査による）。

新聞報道によると、八月八日午前中、P51約七〇機が紀伊半島西南部から侵入し、大阪、兵庫、奈良、香川各府県の航空施設、鉄道、船舶などを分散襲撃したという。大阪府消防課作戦室「空襲被害詳報」には、東住吉区（現在の平野区の地域）から堺、泉大津、岸和田、泉佐野、古市、八尾、富田林にかけて被害があり、死者一五人、重軽傷二四人、全焼二戸、半焼一戸と記録されている。幾谷重次郎と祝金治が撃たれたのは、八日の午前一〇時頃であった。米軍戦闘機三、四機が、白木村を北から南へ飛び抜けた。このうちの一機が、通行中の人影目掛けて気まぐれに銃弾を浴びせた。重次郎と金治は、その犠牲となった。

不発弾と少年の死

白木村では、不発弾の爆発によって死亡した子供があった。富田林町別井のすぐ東に隣接する白木村大字今堂《いまんど》での出来事であった。一九四五年三月三一日の午前中、今堂の福田幸次郎（当時三八歳）宅にあった小型爆弾を、同家の玄関先を流れる小川に設けられた洗い場で、隣家の子供澤本恒夫が触っていて犠牲となった。この時、福田幸次郎の長男幸雄（当時一〇歳）と次男の進

（当時九歳）もそばにいた。澤本恒夫は一九三二年二月二日生まれで満一三歳、白木国民学校高等科の生徒で、翌四月一日から二年生の新学期を迎えるはずであった。恒雄の叔父の澤本嘉一郎、いとこの澤本嘉弘、福田幸次郎の子供の福田幸雄、福田進の話によると、爆発した不発弾は、三月一三日深夜から一四日未明にかけての大阪大空襲のあと、福田幸次郎が白木村の警防団員として大阪市に出動したときに手に入れて来たとのことである。幸次郎は、死体片付けの仕事が辛いと、何度もこぼしていたという。持ち帰った不発弾は、幸次郎が自ら拾ったものか、あるいは誰かに貰ったものかわからないが、幸次郎には、その物体の危険性についての知識がまったくなかったようである。

三月三一日の朝から、子供らが爆弾を持ち出して遊んでいた。それを小川の洗い場に持って行った年かさの恒夫が、弾頭に付けられたプロペラを回していると爆発した。プロペラを回すと、信管が切れて爆発する仕組みになっていたのである。長さ三〇センチぐらいで、ビール瓶ほどの大きさの爆弾であった。

知らせを聞いた叔父の澤本嘉一郎が、大ケ塚から自転車で掛け付けたとき、息はあったものの、爆弾の破片を全身に受けた恒夫の体は目も当てられない状態になっていた。顔は半分潰れ、腹は割れ、太股の骨も露出していた。嘉一郎は、今堂の村の人と義兄の三人で、恒夫を担架に乗せて富田林の医院に運んだが、途中で恒夫の息はなくなっていた。嘉一郎は、水を欲しがった恒夫に、死ぬ前に水を飲ませてあげればよかったと悔やんだ。恒夫は、体の大きい丈夫な子だったという。

そばにいた福田幸雄も、右足全体に大怪我をした。幸雄は、富田林の仲谷医院に運ばれ、しばらく入院して治療を受けた。福田進は、爆発と同時に地面に倒れたが怪我はなかった（一九九四年八月一三日、富田林市史編集室の聞き取り調査による）。

今堂で子供の命を奪った不発弾は、一九四五年三月下旬以前に、米軍機が投下したものであった。防空総本部警防局指導課長名で、警視庁と大阪府の警務部長及び各府県警察部長に宛てた一九四五年一月三一日付の文書「最近ノ空襲ニ於ケル投下弾ニ関スル件」には、「二〇封度破片弾M四一型（環層爆弾）」として、次のように記されている（小山仁示編『太平洋戦争下の防空資料―小松警部補の書類綴から』大阪市史編纂所、一九八一年）。

二〇発（一説ニ八一六発又ハ二四発モアリ）程度ヲ一束トシテ五〇〇封度型トナシ投弾ス

構造ハ中径九糎、全長約三〇糎、弾体長二二糎、弾尾ニ相当大ナル尾翼ヲ附シ弾頭ニハ「プロペラ」ヲ附ス

人馬殺傷用破片弾（環層爆弾）ニシテ一六条ノ螺線状溝アリ

炸裂時細片トナツテ飛散シ殺傷破壊威力相当大ナリ

長崎県大村市、名古屋市ニ於テ昼間東京都ニ於テ夜間使用サレタリ

福田幸次郎が持ち帰った不発弾は、右のM41破片弾だったのではないかと思われる。M41は全長三〇センチの小型ではあったが、殺傷威力の大きい残虐な爆弾であった。白木村大字今堂の不発弾による子供の犠牲は、空襲下における痛ましい事件の一つであった。

あとがき

河内と大和は、それほど高くない山を間に隣り合っている。北から生駒山・信貴山・二上山・葛城山と連なり、山の両側は古くからの通婚圏である。「大和河内」と一続きで呼ばれるように、両地域の結びつきは密接である。

奈良盆地の中央部で育った私は、野原を駆け回った子供のころ、河内の方に沈んでゆく夕陽を見ながら、いつも家路を急いだものであった。野原や田んぼは、今では多くが道路や住宅、工場などに変貌してしまった。特に河内に近い奈良盆地西部の変化は大きく、少年時代の風景とはおよそ違ったものになった。

春夏秋冬の信貴、生駒、二上山の表情を、山の両側から眺めるようになったのは、大学生になってからである。史学科の学生だった私が卒業論文で取組んだテーマは、「明治前期における天理教の大阪への伝播」であった。新宗教の天理教が、どのように大和から河内へ、そして大阪市街地へと伝わったのかを跡付け、人々の信心の実態を明らかにしようというのであった。初めは、明治維新政治史のようなことに取組むつもりだったのが、「テーマは身近に」という小山仁示教授の指導で変えることになったのである。多少の迷いもあったが、新しいテーマは、大和に住み河内を通過して大学に通う私にとって、まことに身近なものであった。

卒論資料の収集で、大阪市内と中河内や南河内の市町村を毎日のように訪ね歩いたのは、もう三〇年以上も前のことである。そのころは今と違って、河内のあちこちにまだ田んぼや畑が残っていた。それで私は、畦道に座って昼食のパンを頬張りながら、明治一〇年代から二〇年代における河内農村の人々の暮らしに思いを馳せることができた。

その後、私の関心は日本の近代社会の形成・発展期から変容期へと広がっていった。拙著『管野スガと石上露子』（東方出版刊、一九八九年）は、明治後期を研究対象としたものであり、『北村兼子――炎のジャーナリスト』（東方出版刊、一九九九年）は、大正末から昭和初期にスポットをあてたものである。大阪市絹笠町生まれの管野スガは女性の人権擁護に力を尽した先駆的な女性記者であり、南河内きっての旧家の娘で『明星』の歌人石上露子は、自我の解放と平和を強く主張した。大阪市天満に生まれた北村兼子は、法学専攻の大学生、朝日新聞社会部記者、国際ジャーナリスト、そして飛行士となった。大阪から世界に羽ばたいた北村兼子は、時代を超えたジェンダーフリーの先駆者であった。

卒業論文に出発したテーマもその後に、時代や地域が拡大した。拙著『教派神道と近代日本』は金光教をも視野に入れて、近代日本における国の内外での教派神道の真実の姿とその役割を明らかにしたものであり、これを増補改題したのが『天理教の史的研究』（東方出版刊、一九九六年）である。

天理教や金光教などの宗教を対象とした場合も、人物や事件を対象とした研究においても、私の最も大きな関心は、時代の動きとその真実の姿である。人々の暮らしや意識を実証的にとらえ、社会や文化の全体像を時代の流れの中に位置づけてその意味を考え、現在と未来に向き合っていきたいと思うのである。

近代河内の町村は、大都市大阪の近郊にあって、明治から大正・昭和期へとどのように変化してきたのであろうか。特に大阪が「大大阪」へと発展し、やがて戦争の時代を経て戦後に至る時期、村々の社会的風景はどのようなものであったのか。人々の生活はどう変化したのであろうか。大都市の発展と近郊農村の変貌を、相互関連の中にとらえて時代の動きを明らかにすることは、歴史研究の門口に立った時からの私のテーマだったように思う。

幸いにして私は、東大阪市史・松原市史・富田林市史の分担執筆に従事する機会を得て、近代河内の町村史料を閲読することができた。東大阪市は、一九六七年（昭和四二）二月に布施市・河内市・枚岡市が合併して誕生した。本書の第一章「大阪市の膨張と東大阪」、第二章「新宗教運動の展開と東大阪」は、『東大阪市史』近代Ⅱ（一九九七年二月刊）の私の執筆部分である第七章「社会生活の諸相」を若干加筆修正して収録したものである。本書第三章「昭和恐慌下の松原村・天美村の行財政」は、『有坂隆道先生古稀記念日本文化史論集』（一九九一年刊）掲載の拙稿

「昭和恐慌下の松原村・天美村の行財政」を若干修正して収めた。本書第四章3「松原市域への空襲」は『日本文化史研究』第一五号掲載の拙稿「松原市域への空襲」、本書第六章2「戦争と富田林」の中の小見出し「学童疎開」から後の部分は『日本文化史研究』第二五号の拙稿「空襲下の富田林」を、それぞれ若干修正して収録した。その他の部分は、折々に執筆しておいたものや、新たに執筆したものである。

本文中に引用した資料は原文のままを原則としたが、適宜、句読点を付し、常用漢字を使用した。明白な誤字は正しておいた。また、本文中では敬称を略した。

本書の執筆過程では、多くの方々のお世話になった。特に東大阪市史編纂室・松原市史編纂室・富田林市史編集室・大阪市史編纂所の方々と、聞き取り調査にご協力くださった皆様に厚く御礼申し上げる次第である。なお、北崎豊二・小山仁示両先生には、あたたかいご指導を賜った。ここに記して深甚の謝意を表する次第である。

二〇〇一年一二月一日

大谷　渡

索引

河内の地名と施設名（関連施設を含む）

大谷　渡（おおやわたる）

1949年12月、奈良県に生まれる。関西大学文学部卒業、関西大学大学院修士課程修了。日本近代史・現代史専攻。関西大学・帝塚山短大・阪南大学非常勤講師を経て、現在、関西大学文学部助教授。

著書　『管野スガと石上露子』、『天理教の史的研究』、『北村兼子――炎のジャーナリスト』（いずれも東方出版）

編書　『石上露子全集』（東方出版）

住所　奈良県磯城郡田原本町為川南12の2

大阪河内の近代
――東大阪・松原・富田林の変貌

2002年5月13日　初版第1刷発行

著　者――大谷　渡

発行者――今東成人

発行所――東方出版㈱
〒543-0052 大阪市天王寺区大道1-8-15
Tel.06-6779-9571　Fax.06-6779-9573

印刷所――亜細亜印刷㈱

ISBN 4-88591-775-1